MARCHANDS D'ART

DANIEL WILDENSTEIN
YVES STAVRIDÈS

Marchands d'art

Plon

© Plon, 1999
ISBN : 2-259-19207-66

AVANT-PROPOS

Ce ne sont ni des Mémoires ni une somme autobiographique. C'est juste un homme qui parle. Mais pas n'importe qui : Daniel Wildenstein, quatre-vingt-deux ans, empereur et patriarche des marchands d'art. Basée à New York, la Wildenstein Inc. s'adosse à un stock évalué en milliards de dollars, qui balise près de six siècles de peinture. La maison s'appuie aussi sur un trésor tactique : les archives — inégalables — du Wildenstein Institute. Petit-fils de Nathan, fils de Georges, « Monsieur Daniel » — c'est ainsi qu'on l'appelle à son institut ou sur les hippodromes — est donc le troisième maillon de la dynastie de marchands de tableaux la plus puissante au monde et la plus secrète qui soit.

Depuis près d'un demi-siècle et du bout des lèvres, Daniel Wildenstein n'acceptait de parler que de ses chevaux. De rien d'autre. Sur les siens, sur lui-même, sur les marchands glorieux, sur la guerre et l'après-guerre, sur la philosophie, la pratique et l'évolution de son métier, le Howard Hughes des arts restait muet comme une carpe. Il ne répondait à aucune question, à aucune attaque, à aucune polémique. Pas un mot. Une véritable abstraction vivante. Pour la première fois de son existence, il a brisé son mutisme légendaire en accordant une série d'entretiens à *L'Express*, dans l'hôtel particulier familial de la rue La Boétie, à Paris, acquis dès 1905 par son grand-père. Une trentaine de séances au total. C'est peu et c'est déjà beaucoup. Cette longue conversation est livrée ici — expurgée des questions et autres scories — dans son intégralité. Ce n'est pas une histoire linéaire, ni exhaustive. C'est juste un homme qui raconte « quelques petites choses vues, entendues ou vécues ». À l'arrivée, Daniel Wildenstein nous convie à une promenade intime, à travers des instants de sa vie, des portraits, des récits, des éclairages, des révélations, des réflexions. Et promène son œil aigu de faucon pèlerin sur la fabuleuse planète des arts. « Je suis le dernier des dinosaures », dit-il en riant. Tout en précisant : « Mais je me refuse à être ce qu'on appelle un témoin. Un témoin de quoi ? Du siècle ? Allons, allons... »

Au préalable, je lui avais demandé d'aller vérifier quelques vieilles dates. Il l'a fait. Il a même fait mieux. Il a déclenché une enquête en Alsace sur les origines de sa famille. Et ce qu'il a remonté du passé l'a littéralement soufflé...

C'est le début du film.

Y. S.

Nathan Wildenstein

Un tremblement de terre

A mes questions sur les origines de la famille, mon grand-père Nathan me répondait inlassablement : « Daniel, il n'y a que deux choses qui comptent *vraiment*. Aimer la France. Et aller au Louvre. » Il était tout pour moi, et il ne me serait jamais venu à l'esprit de mettre en doute la version de mon grand-père.

Il est né un 8 novembre 1851, à Fegersheim, en Alsace. Il a toujours dit et répété à ma grand-mère qu'il était fils unique. Que son père était déjà mort à sa naissance. Et que ce père était rabbin séfarade.

C'est en recherchant des vieux documents d'état civil à votre intention que j'ai flairé la supercherie. J'ai enquêté et je dois avouer que je suis un peu sonné par ce que je viens de découvrir... Vous êtes bien assis ?... En fait, mon grand-père avait trois frères et trois sœurs. Son père n'est mort qu'en 1879. Il n'était pas rabbin. Et les Wildenstein étaient ashkénazes. Cela fait quand même beaucoup...

Et ce n'est pas tout.

Mon grand-père nous a également caché sa tragédie personnelle : en 1870, quand il a quitté l'Alsace, son père l'a maudit...

Un bobard d'une telle ampleur donne à réfléchir. Ma grand-mère est morte sans savoir... Pour moi, ce n'est pas seulement un coup de théâtre. C'est un tremblement de terre. Mon grand-père que j'adorais était donc un menteur... Il nous a tous mystifiés. Tous bluffés. Sa femme. Mon père. Moi. Tout le monde. Pourquoi a-t-il ainsi enterré son passé ? Pourquoi a-t-il menti ? Pour remonter le puzzle, au-delà des mystères, il faut attaquer cette histoire par des faits.

Sa famille habitait Fegersheim depuis 1709 : les archives vont jusque-là. Le père de mon grand-père s'appelait Lazare. Il vendait des chevaux de poste et des bestiaux. Comme *tous* ses ancêtres depuis 1709. Et comme mon grand-père depuis l'âge de quatorze ans. Pour le négoce des bestiaux, il fallait posséder la connaissance très subtile des mécanismes de crédit. Ce métier était complexe. Ce n'est pas par hasard si Albert Kahn, le grand banquier, venait d'Alsace et du commerce des bestiaux. En comparaison, la profession de maquignon était beaucoup plus simple. En gros, c'était une activité de bandits. On retapait une bête crevée en trois jours, et on la revendait ensuite. Vous achetiez alors un cheval mort... Il va de soi qu'un maquignon savait aussi repérer les bons chevaux. Quand j'y repense, c'était le cas de Nathan. Aux ventes de Deauville, dès qu'il voyait mon père hésiter, il lui disait : « Fais comme tu veux. Mais, moi, c'est celui-là que j'achèterais. » Et il désignait toujours une excellente jument qui ne coûtait presque rien. Il avait l'œil pour les chevaux comme il avait l'œil pour les tableaux. Je trouvais ça étrange, à l'époque. Aujourd'hui, je comprends mieux. Et je sais maintenant d'où vient le virus dans la famille...

En 1808, par un décret de Napoléon, un certain Nathan ben Lazare a choisi son nom. Il s'est inspiré, semble-t-il, d'un vieux château féodal du Haut-Rhin : le château de Wildenstein. Que dire de plus ? Pas grand-chose. Après tout, je n'y étais pas... Avant 1808, nous n'avions que nos prénoms. Nous *étions* des prénoms. Nous étions Jacques ben Nathan ou Nathan ben Jacques. Nous étions Jacques fils de Nathan ou Nathan fils de Jacques... Pour mon grand-père, il n'y avait rien de mieux que l'abbé Grégoire. Il lui vouait un culte posthume. C'est l'abbé qui avait souhaité que les juifs de France portent un patronyme fixe... L'inculte qu'était Nathan aura vécu une histoire passionnelle avec la Révolution française. « Nous n'étions rien, martelait-il, et la France de 1789 a fait de nous des êtres humains à part entière. » Il mettait la République au-dessus de tout. A ses yeux, voter était un devoir sacré. Il ne plaisantait pas avec ça. C'est même l'un des rares sujets sur lequel je ne l'ai jamais vu plaisanter. Il a toujours vénéré Clemenceau. Il a toujours haï les Allemands.

En 1870, il s'est forcément produit un drame épouvantable chez les Wildenstein. Les Prussiens arrivaient. Mon grand-père a quitté Fegersheim et sa famille. Cela a dû être pénible. Il y a sûrement eu du sang sur les murs... Il existait en Alsace une tradition séculaire qui s'appliquait à tous, catholiques, protestants ou juifs. Et qu'on peut résumer ainsi : quiconque abandonnait l'Alsace et les siens ne remettait jamais les pieds dans son village. Il était rayé de la carte. Il n'existait plus. On oubliait jusqu'à son prénom. S'il réapparaissait, on lui refusait un morceau de pain. Il était maudit à vie. En ce temps-là, si on quittait l'Alsace, on partait tous ensemble ou personne ne partait. Mon grand-père, lui, est parti seul. Circonstance aggravante : il était l'aîné des sept enfants. Il savait donc ce qui l'attendait. Il est parti quand même. Il a refusé de devenir allemand. Il avait la volonté farouche de rester français. C'est la clef pour comprendre le destin de Nathan, et donc le nôtre. Quand j'étais jeune, sans imaginer son cauchemar, je voyais bien qu'il avait très mal vécu son départ d'Alsace. Il y avait en lui comme une honte secrète. Une blessure sérieuse. Et même après le traité de Versailles, même après 1919, je ne saurais jurer qu'il y soit retourné. Je ne le pense pas. Il m'a dit à plusieurs reprises : « Tu sais, Daniel, les Boches sont toujours *chez nous*. » Phrase terrible... Ses six frères et sœurs étaient devenus *allemands*... Il faut également savoir qu'à la mort de son père, sans y aller, il avait acheté une petite maison à Fegersheim. Pour pouvoir dire : là-bas, j'ai encore la maison familiale. Mais ce n'est pas la maison de ses ancêtres.

Autre énigme : la jolie tombe de Lazare, au cimetière juif de Fegersheim. Je suis presque sûr que c'est Nathan qui l'a commandée. Mais ce monument funéraire ne mentionne ni la présence de sa mère Babette, ni d'aucun de ses frères et sœurs. Comme s'ils étaient tous partis ailleurs. Comme s'ils avaient été effacés du paysage. Aucune trace. Que sont-ils devenus ? Que s'est-il passé ? Allez savoir... Là encore, je n'y étais pas.

En 1870, Nathan a essayé d'entrer dans Paris, mais Paris était fermé. C'était le siège. Il s'est alors replié sur Vitry-le-François. Pourquoi là ? Non pas à cause de Vitry. A cause du François. Le Français. Cela allait jusque-là. Cela ira encore plus loin et c'en est même étrange. Nathan ouvrira une succursale à New York en 1898, et il est mort en 1934 : cette Amérique, il n'y mettra jamais les pieds. Il était plus que casanier. Il a certes fait des voyages aux Pays-Bas : pour Rembrandt, pour Rubens et pour la peinture hollandaise en général, c'est quand même l'adresse indiquée... Mais mon grand-père quittait difficilement *son* pays, *sa* République française. Il avait renoncé à sa famille pour la France.

En 1871, Nathan a fait son service militaire au 48e régiment d'infanterie, à Châlons-sur-Marne. Ensuite, il a été l'employé d'un tailleur à Vitry-le-François. Et que pouvait-il faire d'autre ? Employé d'un tailleur... Dans l'échelle des juifs, cela se situait juste avant vagabond. Il a dû en baver. Il vendait des tissus. C'est le même homme qui vendra un jour au milliardaire américain John D. Rockefeller le *Portrait d'Antoine Laurent Lavoisier et sa femme*, un des chefs-d'œuvre de David... Il a toujours été un vendeur exceptionnel. Il sera bien le seul de la famille. Mon père n'était pas doué ; moi non plus ; mes enfants pas davantage. Lui, oui. Il avait ça dans le sang. Il savait opérer, détecter les goûts, les envies, les désirs avec une intuition et une prescience infaillibles. Un jour, à Vitry, une de ses clientes lui a demandé s'il pouvait négocier pour elle quelques tableaux dont elle désirait se débarrasser. Des tableaux ? Pourquoi pas. Aucun problème. A ceci près : il n'y connaissait rien. Rien de rien. Zéro. Pour tout bagage, mon grand-père possédait la langue française apprise à l'école — qu'il avait fréquentée jusqu'à l'âge de quatorze ans — et un patois alsacien qu'il ne pratiquait plus. Il n'a pas reculé. Il a dit oui. Il est parti pour Paris.

A Paris, il s'est enfermé au Louvre. Pendant dix jours. Dix jours à regarder. A observer. A essayer de comprendre. A regarder encore et encore. A éduquer son œil. *Daniel, il n'y a que deux choses qui comptent vraiment. Aimer la France. Et aller au Louvre.* Il faut savoir une chose : jusqu'à son dernier souffle, mon grand-père vendra des chefs-d'œuvre aux plus grands musées du monde entier, mais jamais rien au Louvre. Il ne pouvait pas. Leur vendre une toile était un acte inconcevable pour lui. Il aimait le Louvre et les gens du Louvre. Et le seul rapport qu'il entretiendra avec ce musée sera celui d'un visiteur toujours émerveillé. A cause de ces dix jours... Je le revois évoquer cette décade céleste qui allait décider de sa vie. Il avait en lui cette conviction des êtres humains foudroyés par la foi. Comme un mécréant qui soudain a une vision et qui entre dans les ordres. Il me disait : « Je n'avais jamais pu imaginer que *ça* existait. » Et il ne croyait plus qu'en *ça*. Il a vendu les toiles de sa cliente. Il a gagné 1 000 francs. Et il n'a pas fait la foire avec. Ces mille, il les a aussitôt réinvestis dans les tableaux. A Vitry, il a démarché les habitants, les maisons. Il a acheté un Boucher et un pastel de Quentin de La Tour. Il les a revendus. Il a racheté tout de suite. C'est ainsi que l'histoire a commencé.

Tout s'est accéléré quand mon grand-père a croisé Laure Lévy, ma future grand-mère, à Vitry. Ce pauvre malheureux qui avait un accent indescriptible, qui était seul au monde et presque vagabond, a dû tomber en extase devant cette famille accueillante et formidable...

Les Lévy étaient des *sefardim* originaires de Carcassonne. La sœur de ma grand-mère était la mère de Darius Milhaud. Son frère, lui, a épousé la fille de Valabrègue, le poète provençal, que Cézanne a peint un certain nombre de fois. La musique. La poésie. La peinture. Ces gens-là étaient cultivés. Ils habitaient boulevard Magenta, à Paris : c'est là où ma grand-mère est née, le 11 février 1856. Sous la Commune, en 1871, ils y étaient encore. Je me souviens d'elle me racontant ses souvenirs de petite fille : j'étais émerveillé !... Son père l'emmenait tous les jours au départ du ballon qui emportait le courrier, lequel allait se poser là où il pouvait, hors de Paris. Ce courrier, c'était *La Gazette des absents*. « Sur la première page, me disait-elle, on imprimait les nouvelles, et la deuxième page était laissée blanche afin qu'on puisse écrire dessus. » Elle me mimait son père qui était « scandalisé par ces Parisiens qui bouffent les animaux du zoo ! » Samson Lévy s'étouffait : « Quand même, ces gens prêts à manger leur chien, c'est immonde ! Ce ne sont que des cannibales ! » Cet homme, qui s'interrogeait ainsi sur les dérives de la civilisation, imprimait des tracts révolutionnaires. Il faisait partie de ceux qui croient à l'idée de liberté. Il trouvait ça pas mal du tout. Je me souviens de ma grand-mère dans les années 1930 — elle est morte le 6 février 1937 — me disant : « Ton arrière-grand-père était un communiste ! » Et moi qui lui répondais : « Tu parles... Jamais de la vie. Ton père était un communard. Ce n'est pas pareil. Qui a inventé le communisme ? Marx. Engels. Rosa Luxemburg. Des ashkénazes. Rien que des ashkénazes. Tu te doutes bien qu'il se serait quand même méfié. » Quand on connaît la suite du feuilleton, il y aurait presque de quoi rire...

Après le mur des Fédérés, le père Lévy avait quitté Paris pour s'installer à Vitry-le-François, où il a monté une imprimerie. C'est là où ma grand-mère a passé son brevet supérieur. A l'époque, cela voulait dire quelque chose. Cela voulait dire beaucoup de choses. Elle écrivait bien. Elle lisait tout. C'est elle qui a donné le goût des livres à mon père. C'est elle, j'en suis sûr, qui a ouvert les yeux de mon grand-père sur la beauté des choses. Ma grand-mère aimait la peinture. Elle aura aimé ça toute sa vie. Jusqu'à sa dernière nuit.

Pourquoi lui a-t-il menti ? Il y a peut-être une explication... Peut-être.

A l'époque où ils se sont connus, il y avait un fossé culturel immense et radical entre les ashkénazes et les *sefardim*. Pour un ashkénaze, les *sefardim* étaient des créatures horribles venues d'Espagne par l'Asie ou par l'Afrique ! En clair, ils étaient la boue des chemins... Pour un séfarade, les ashkénazes étaient des ignares indécrottables !... En ce temps-là, une séfarade ne se mariait jamais avec un ashkénaze. Mais alors, jamais. Et réciproquement. Il était inconcevable qu'un ashkénaze épouse une séfarade. C'est dans ce contexte que mon grand-père a servi ses salades à ma grand-mère : son père rabbin, séfarade et enterré. Il ne risquait pas grand-chose. De cette Alsace allemande, personne n'allait venir le contredire puisque là-bas il était pire que mort. En un sens, ayant été rayé de la carte des vivants par son père, Nathan lui rendait la monnaie de sa pièce : à son tour, il le faisait monter au ciel avant l'heure... Mais comment peut-on s'endormir ashkénaze et se réveiller séfarade ? C'est grandiose... Je me rappelle qu'il avait même des livres de prières : des livres de *sefardim*. Il avait dû les acheter... Il était donc capable de tout. Mais il faut peut-être apporter une nuance. Même s'il faisait *Kippour*, mon grand-père n'était pas si religieux que ça. Il y avait du laisser-aller... Je l'entends encore : « Je ne mange pas de crustacés ! Je suis sérieux, moi ! Quand je prends un homard, je ne mange que les pattes ! » De ce côté-là, mon grand-père était un parfait rigolo. Une espèce de laïc à la sauce alsacienne.

De là à n'avoir jamais révélé — même sur le tard — la vérité à ma grand-mère, j'avoue que je n'arrive pas à y croire... C'est affolant. Mais comment a-t-il pu ne pas la lui dire ? Accessoirement, à l'âge de quatre-vingt-deux ans, j'ai peut-être des cousins quelque part. Alors que ma vie entière j'ai soutenu mordicus que la plupart des Wildenstein qui se réclamaient de la famille étaient des affabulateurs ou des excentriques...

Nathan et Laure se sont mariés à Paris, le 31 mars 1881, à l'adresse des Lévy. Le 4 avril, le mariage a été célébré en la synagogue Nazareth. Ma grand-mère a apporté sa petite dot. Qui a bien servi. Elle leur a permis de s'installer cité du Retiro, où ils ont loué un local ordinaire. Très modeste.

Ils ont commencé dans la modestie.

Le syndrome du chapeau

Mon grand-père aurait-il réussi sans elle ? Pas sûr. Je dirais qu'elle y a été pour 50 pour 100. Peut-être même pour un peu plus. Peut-être, oui.

Ma grand-mère était vive et rapide. Toute l'intelligence du monde s'était donné rendez-vous dans les yeux bruns et brillants de cette petite femme, qui aimait autant les arts que les champs de courses. C'est elle qui m'a tout appris. Tout raconté. Je suis né en 1917 : dès l'âge de quatre ans, je la suivais sur les hippodromes. Auteuil, Longchamp, Saint-Cloud. Et je jouais. Sur la pointe des pieds, je lançais ma pièce par-dessus le guichet. Derrière moi, ma grand-mère misait sur tous les chevaux. Je gagnais donc dans toutes les courses... Je l'accompagnais également dans les défilés de haute couture. « Cela va t'amuser, Daniel. » Et c'était le cas. Il y avait des filles partout. A quatre ans, j'appréciais déjà... Mon grand-père voulait que ma grand-mère soit élégante. Il aimait ça. Il aimait la voir avec les robes du dernier cri. Nous allions alors chez les sœurs Callot. C'était l'époque des plumes. Chapeaux à plumes. Trucs en plumes. Mon grand-père lui donnait du Madame Plume. « Dis donc, Madame Plume ! » Moi, je l'appelais Amère, ce qui, dans mon langage, voulait dire Ma Mère.

Lui, je l'avais baptisé Toto et il appréciait. Il avait le physique de Toto. Il était d'une laideur intéressante. Très maigre. Tout petit. Avec une moustache d'époque. Des cheveux en brosse. Et des yeux bleu clair... Il était gai, jovial, optimiste. En privé, il sortait des énormités. Il y allait de bon cœur avec ses blagues pitoyables, ses à-peu-près vaseux et ses contrepèteries navrantes. Il éclatait de rire tout seul. Il était déchaîné... Je sais : c'est plutôt inattendu chez un homme qui a révélé Fragonard et Watteau, mais c'est comme ça.

Amère et Toto.

Ils auront formé une équipe spectaculaire, ces deux-là.

Je me souviens d'un film qu'ils m'avaient emmené voir dans les années 1920. Un film muet. C'était l'histoire d'un type qui portait une espèce de chapeau bizarre. Tout le monde se moquait de lui. Mais, à la fin du film, la ville entière avait ce chapeau sur le crâne. En sortant de la projection, mon grand-père m'a dit : « Tu vois, Daniel, notre métier c'est ça. Trouver le chapeau du type et le porter avant les autres. »

Il avait trouvé le sien. L'art français du XVIIIᵉ siècle.

L'homme du dix-huitième siècle

Fragonard. Watteau. Boucher. Pater. Greuze. Lancret. Nattier. Chardin. Houdon. Quand mon grand-père s'est lancé, ces noms ne valaient rien. Ils n'existaient pas. A l'exception des frères Goncourt, ce siècle, ces peintres et ces sculpteurs n'intéressaient personne. En tant que marchand, c'est lui qui les a sortis de l'anonymat. Qui les a révélés. C'est lui seul et personne d'autre. Dans le dernier quart du XIXᵉ siècle, l'art officiel vivait sous le joug de l'école de Barbizon. Bouguereau. Cabanel. Carolus-Duran. Que des emmerdeurs. Et parfois, aussi, de vrais peintres... En tout cas, c'était le goût du moment. Un grand Bouguereau — pas si mal que ça — fera l'équivalent de 10 millions de dollars et partira décorer un bar de Chicago... Que dire de Cabanel ? Autant ne rien dire. Carolus-Duran était le meilleur de tous. Il était le plus doué. Il aurait pu devenir un très grand peintre. Ses natures mortes, au début, sont sensationnelles : c'est même plus fort que Manet. Mais il a voulu appartenir à un club à la mode...

Mon grand-père était si loin de tout ça. Et du reste aussi, d'ailleurs. L'impressionnisme, à ses yeux, n'était qu'une chose innommable. C'était tout sauf de la peinture. Il était effaré. Atterré. Lorsque mon père, tout jeune, s'est mis à tourner autour de ces peintres, je sais qu'il a soupiré. Il espérait sans doute qu'un jour ça lui passerait... Pour Nathan, il n'y avait que la peinture ancienne qui comptait. Le reste, c'était zéro. Il me disait : « Tu vois, Daniel, il ne faut travailler qu'avec des peintres morts. Parce que vivants, ce sont des gens impossibles ! » Il avait tout compris. Chez les modernes, il n'en a épargné qu'un. Un seul et pas deux. « Celui-là, oui. Vas-y. Tu peux. » C'était Van Gogh. Comme quoi... A part ça, sur Picasso, il fallait l'entendre : « C'est le garçon le plus exquis et le plus intelligent que je connaisse. Mais il faudra bien que quelqu'un lui dise d'arrêter de peindre ! »

Tous les matins, mon grand-père allait à l'Hôtel des Ventes. Il passait ensuite chez les brocanteurs, qui ne juraient alors que par le gothique. Il achetait tranquillement son dix-huitième siècle. Il a toujours eu cette conviction, ce théorème aux lèvres : « Celui qui va chaque jour à Drouot doit pouvoir gagner de quoi manger et de quoi racheter. S'il n'y arrive pas, eh bien, c'est un crétin ! » Il n'y avait plus de roi depuis belle lurette à Versailles, mais ce républicain pauvre et convaincu avait découvert la peinture de l'Ancien Régime, ces ors, ces perruques, ces femmes aux robes superbes, cette atmosphère de quadrille, de menuet, de bal, cette insouciance légère de la royauté. Et il n'aimera que ça. Toute sa vie. Il trouvait ça gai. *Gai.* J'avoue que ce n'est pas le mot que j'emploierais. Mais cet utopiste disait : « L'opulence appartient à tout le monde ! C'est forcément le goût du peuple. C'est plaisant et bon pour lui. » Aux clients, mon grand-père expliquait pourquoi il fallait acheter Watteau, Boucher, Fragonard. Ces chefs-d'œuvre allaient changer leur existence. Ils avaient bouleversé la sienne. Il était sincère. Simple. Toujours simple. Il n'a jamais donné la moindre leçon à quiconque. Il ne leur a jamais parlé d'école de ceci, d'influence de cela. Il ne s'en souciait pas. Pour être plus précis, l'histoire de l'art ne l'a jamais intéressé. Pas une minute dans sa vie. Seule la beauté l'attirait... Et il savait la partager. Quand il en parlait, mon grand-père parlait d'amour. C'était merveilleux de l'entendre.

La cité du Retiro. Le 56, rue Laffitte. La rue d'Anjou... Chaque déménagement était une étape. Comme me le rappelait ma grand-mère : « Si un jour nous avions un peu d'argent, dès le lendemain il n'y avait plus rien. Plus un sou. Nous étions ruinés... Mais il *fallait* tout dépenser. Il le fallait pour monter d'une marche... » En écho, mon grand-père disait : « L'argent, c'est rond, c'est fait pour rouler ! »

Au départ, s'il a acheté le dix-huitième siècle pour rien ou presque, en même temps il a bien fallu qu'il crée le marché. Qu'il crée la demande. Au chapitre des dépenses, donc, ma grand-mère s'est concentrée sur la cuisine. Le ventre. Là-dessus, c'est elle qui ne plaisantait pas. Il était difficile de lui en raconter. Elle savait cuisiner et, avec Amère, il fallait que tout soit parfait. Des repas superbes. Pour deux raisons. Une : « C'est ça qui nous fera briller... » Deux : mes grands-parents n'ont jamais fait de publicité. Ils invitaient alors les journalistes, les hommes de lettres et les gens de l'art à leur table. Les bouches à nourrir précédaient le bouche-à-oreille. Nos invités écrivaient sur mon grand-père et sur ses peintres. Ma grand-mère aura été ainsi la *public relations* du dix-huitième siècle et de la maison Wildenstein. Par la suite, elle a toujours eu le meilleur chef de Paris. Nous engagerons des artistes, des vrais, qui ont compté dans l'histoire de la gastronomie. « Ce n'est pas très compliqué, disait Amère. Il suffit de les payer plus cher que La Tour d'Argent. Alors, pas de mesquinerie ! Allons-y ! » Je sais qu'elle l'a fait à un moment où ils n'en avaient guère les moyens...

Mais comme disait encore ma grand-mère : « Il faut que ce soit bon parce que au moins on ne nous en voudra pas pour ça... »

C'est elle, au départ, qui s'est chargée de la correspondance. Quand ils ont pu avoir une secrétaire, ma grand-mère continuera de relire et de corriger tout ce que mon grand-père dictait. Elle était une femme du xxe siècle. Il a toujours été un homme du xixe... Nous avions le téléphone à la maison. Qui pouvait toujours sonner : mon grand-père ne décrochait *jamais*. Il ne supportait pas « cet engin qui vous oblige à répondre par oui ou par non tout de suite ». C'est elle qui répondait. En règle générale, il lui laissait les embêtements et les enquiquineurs. L'époque voulait qu'une femme ne brille jamais en public. Cela ne se faisait pas. Vis-à-vis de son mari. Vis-à-vis des clients. Des amis. Vis-à-vis de tout. Dans cette société masculine, faite par et pour les hommes, ma grand-mère était suffisamment subtile pour rester derrière quand ça parlait d'art. Mais, en peinture, elle s'y connaissait. Et c'est vraiment le couple Wildenstein, l'équipage, qui a imposé l'art français du xviiie siècle dans le monde entier.

Des années plus tard, à l'Institut de France, un homme que je n'avais jamais vu m'abordera ainsi : « Je suis un peu plus vieux que vous. Mais quand j'étais jeune, je n'entendais parler *que* de votre famille. Nous habitions un appartement au coin de la rue d'Anjou. Au-dessous de chez nous, il y avait le magasin de vos grands-parents. Et mon père qui me répétait : "Au lieu de perdre ton temps avec tes études de médecine, tu ferais mieux de faire comme les Wildenstein ! Voilà des gens intelligents ! Voilà des gens biens !" Et figurez-vous que j'ai entendu ça toute ma jeunesse... » Cet homme n'était autre que le Pr Hamburger. Une sommité sur la terre. J'étais flatté.

Vingt-trois fois la mise

Très vite, les tableaux sont venus tout seuls jusqu'à Nathan. Ces tableaux sortaient des châteaux, d'une noblesse de France ruinée, qui n'avait plus pour elle que sa noblesse. On lui apportait les toiles à domicile. Il était désormais connu. Mon grand-père était l'homme du dix-huitième siècle. Vers 1900, Nathan était déjà l'égal d'un Seligmann. Sur quel critère passe-t-on de marchand à grand marchand ? Sur un critère simple. C'est le moment où vous achetez les collections entières, dans le privé ou en vente publique. Et il y en a eu de belles. Parmi les plus marquantes, il y aura la vente Doucet. Jacques Doucet. Grand couturier. Grand collectionneur. Grand client de mon grand-père, qui lui en avait vendu beaucoup. Quand Doucet mettra en vente publique sa collection, Nathan la rachètera. Il la paiera plusieurs millions de francs. A l'époque, ce n'était pas rien. Mais, ensuite, il a fait vingt-trois fois la mise.

La licence de brocanteur

Depuis 1905, nous sommes installés au 57 de la rue La Boétie. Cet hôtel particulier dessiné et habité par de Wailly — l'architecte à qui l'on doit l'Odéon — est devenu notre ultime adresse... Pour la famille, l'effort financier a été énorme et conforme à la philosophie de « la marche à monter ». C'était une nouvelle étape. La mise en scène du stock. Le XVIIIe siècle au service du dix-huitième siècle. Avec des murs, des salons, des galeries. Avec ce qu'il faut pour montrer des tableaux, des tapisseries, des sculptures. Cette mise en perspective théâtrale et ce luxe répondaient à une stratégie, mais également à un fantasme. C'était une façon de crier : « On en a assez d'être considérés comme des boutiquiers !... » Pour exercer, tout marchand d'art se devait d'avoir une licence de brocanteur. C'est d'ailleurs encore le cas. Pour vendre Rembrandt, en France, il faut sa licence de brocanteur. Mais après tout, c'est la réalité, c'est ce que nous sommes. Des brocanteurs. Au sens premier du terme, nous vendons des objets de seconde main, et pas des produits qui sortent en série d'une usine. *Brocanteur.* Quelques-uns avaient du mal à l'avaler, ce mot. Sur la devanture de leur galerie, des marchands glorieux, les Bernheim-Jeune, avaient plaqué « *Editeurs d'art* » et « *Maison fondée à Besançon en 1795* ». Cela faisait plus chic. Je revois mon père demander à Josse et à son frère : « Cette maison, au juste, c'était quoi ? Une maison close ? » Ce qui ne les avait pas fait rire *du tout.*

L'hôtel particulier a joué sa partition auprès des gens riches. Une affaire de vanité. Ils avaient l'impression que tout tableau qui passait la grille et qui montait l'escalier était un beau et bon tableau. Ils en étaient là. Ils croyaient que mon grand-père et ma grand-mère ne se trompaient jamais. Ils se sont trompés. Pas souvent, mais forcément. Comme les autres. Comme tous les autres.

Par ailleurs, cet hôtel en a quand même énervé quelques-uns : les juifs allemands. Mon grand-père avait du mal avec eux. Il ne faisait pas la différence entre juifs et protestants. Ils étaient allemands. Point final. Je dois dire qu'il en haïssait quelques-uns. C'étaient des banquiers, des industriels. C'étaient nos clients. Qui régalaient mes grands-parents d'un épais mépris pour la réussite impardonnable de ces « boutiquiers *sefardim* », de ces « vulgaires commerçants ». Mon grand-père les qualifiait de *ganef.* De voleurs. C'est bien le seul mot de yiddish qu'il aura jamais employé dans sa vie. « Ces *ganef* sont fiers d'être allemands. Après ce que les Boches ont fait à l'Alsace... » Il n'était pas le copain de Clemenceau pour rien. Et sa tragédie personnelle le poursuivait...

Dans le genre, ma grand-mère m'a raconté au moins dix fois la même histoire. Mme Stern, la femme du banquier, lui a dit un jour : « Vous avez une très jolie moquette, n'est-ce pas ? Quand je pense que c'est nous qui la payons... » Ma grand-mère ne lui a jamais pardonné cette délicate élégance.

C'est drôle... Aux Etats-Unis, tout est différent. C'est même le contraire. Là-bas, on a du respect pour un marchand d'art. On le considère comme un être plutôt cultivé. On le voit comme un amoureux de la peinture, du livre, de l'objet. Comme quelqu'un qui vous propose quelque chose qui comptera. Quelque chose qui peut éclairer la vie. Apporter la joie, la sérénité, l'équilibre, et même deux doigts de réflexion... En France, allez-y, dites que vous êtes marchand, et il y aura tout de suite ce petit fond d'infamie dans l'air. Aujourd'hui comme hier. C'est pareil. Je me souviens, juste avant la guerre, j'ai voulu entrer au golf de Saint-Cloud. Il y avait là tous les commissaires-priseurs possibles, tous les banquiers, tous les industriels du robinet... On m'a dit non. Non. Pas de commerçant. Pas *les* commerçants. Circulez. Pas de ça ici.

Face à mon bureau, il y a un drapeau de la Révolution française : il a fait Valmy, Jemappes, toutes les campagnes... C'est mon grand-père, bien sûr, qui l'a acheté. Il voulait l'avoir devant lui. Il y voyait comme un pied de nez, afin de rappeler au visiteur que la Révolution avait fait de nous des êtres libres et égaux. Nous avait intégrés et donné des droits. Ce drapeau, c'est l'œil de mon grand-père et il m'a suivi. Je suis comme lui. J'ai une relation passionnelle avec la Révolution française... Au-dessous de ce drapeau, j'ai placé une aquarelle charmante de la Déclaration des Droits de l'homme et du citoyen. On doit avoir ce machin-là chez soi. Il faut lire ça de temps en temps : cela fait du bien. Enfin, sous l'aquarelle, il y a une Constitution de 1792 et un modèle réduit de guillotine. J'ai toujours été très intéressé par la guillotine. J'en ai une. J'ai la dernière. J'ai la seule guillotine qui reste de la Révolution française ! Oui. Celle de la Conciergerie, tardive, vient de la police : elle guillotinait au XIXe siècle. Au musée Carnavalet, en principe, ils ont le couteau qui s'est occupé de Louis XVI. Mais entière et d'époque, il n'y en a qu'une. La miennc. Ma guillotine. J'ai un petit faible pour elle. En 1989, je préparais une exposition en Amérique : *The Winds of Revolution*. A la même heure, à Paris, cette guillotine passait à l'Hôtel des Ventes. Je l'ai payée 250 000 francs. Pour une relique de 1793, c'est peu. Elle a œuvré à Feurs, près de Lyon. C'est une lyonnaise. J'aurais évidemment préféré une parisienne. Celle de la place de la Concorde m'aurait bien plu, mais on ne peut pas tout avoir... Cette guillotine m'a été livrée avec la liste complète de ceux qu'elle a opérés. Des aristocrates et des curés. Sur le haut des montants, on a sculpté des petits bonnets phrygiens... En un sens, le style Louis XVI préfigure la guillotine : c'est un objet à base d'angles droits, qui est très intéressant à regarder. A cette exposition, je peux vous jurer qu'on la voyait. Dans son faisceau de lumière bleu-blanc-rouge, on ne voyait qu'elle.

Aujourd'hui, je dois dire que j'ai l'air malin, moi, avec ma guillotine... Elle est dans un garde-meubles, à New York. Je vais la faire revenir. Il est grand temps que je l'offre à un musée de la Révolution française.

Elle est magnifique.

Les clients étrangers

Il y avait de gros clients, et de toutes sortes, en ce début de siècle. A commencer par les étrangers qui vivaient en France. Des Argentins comme les Bemberg. Ils livraient de la viande à l'Europe entière. Une fortune immense.

Des acheteurs énormes. Ils étaient plusieurs frères. Deux d'entre eux, surtout, ont acquis du dix-huitième siècle jusqu'au milieu des années 1920, et du dix-neuvième siècle par la suite... Autre Argentin, autre client : Martinez de Hoz. Il était dans l'élevage, dans la laine, dans les chevaux. Il avait épousé une Brésilienne qui, longtemps, va passer pour la plus jolie femme de France et de Navarre. Quand je l'ai connue, elle n'avait plus vingt ans, mais elle était encore très belle. Elle fréquentait Paquin, Vionnet, Poiret. Elle allait chez l'un, elle allait chez l'autre et chez le troisième, et elle commandait *toute* la collection ! Cette femme n'a jamais porté deux fois la même robe, le même manteau, le même chapeau. Ces fortunes sud-américaines m'ont toujours fait penser au Brésilien d'Offenbach dans *La Vie parisienne.* D'ailleurs, des clients brésiliens, il y en avait aussi. Il y avait les Guinle. La famille Guinle. Ce qu'on appelle des gens riches, et même un peu plus que ça... Eux, c'était le bois, c'était l'or, c'était le café. Eux, c'était tout. Les Guinle habitaient les plus beaux hôtels particuliers du VIIe arrondissement. Ils achetaient des tableaux, des sculptures, des tapisseries. Ils achetaient du dix-huitième siècle. C'est mon grand-père, bien sûr, qui les équipait.

Avant la Première Guerre, il y avait également des Américains fortunés qui habitaient la France à l'année, à l'image des Widener. Des banquiers. Ils avaient leur hôtel particulier à Paris. Tout comme les Woolworth et d'autres encore... Ils « achetaient français ». A cette époque, si on voulait passer pour « quelqu'un de bien », pour « un type comme il faut », il fallait avoir un Fragonard ou un Nattier sur ses murs, sinon... Avec la guerre, les Américains repartiront chez eux avec leurs tableaux, leurs meubles et leurs objets. Cela marquera le début de la fin d'un monde... Ces gens-là ne garderont qu'un pied-à-terre à Paris. Et Paris ne sera plus jamais comme avant... Mais là-bas, à New York, ils vont continuer d'acheter du dix-huitième siècle. Tout ce qu'on leur a vendu aboutira au Metropolitan ou dans les grands musées d'Amérique. Ces merveilleux collectionneurs ont tout donné, tout, en un temps où la générosité n'avait rien à voir avec la fiscalité.

Nos clients venaient aussi de l'Europe entière, à l'exemple de Marxel de Nemès, le baron hongrois. Il y avait surtout des Autrichiens et des Allemands. Otto Krebs. Paul Cassirer, le grand marchand berlinois. Otto Gerstenberg. Les frères Thyssen, évidemment. Ces deux-là, avant 14-18, ont acheté un peu en France. Après 14-18, ils achèteront davantage. Ils avaient de quoi, avec leurs usines d'armement qui n'ont jamais été bombardées. Pas plus que les nôtres, d'ailleurs. Entre marchands de canons, ce sera l'entente cordiale... Cela dit, les Thyssen n'ont pas été des clients importants pour nous. Que pensait d'eux mon grand-père ? La réponse est sans pitié. Et sans surprise : « Ce sont des Boches... »

Hans vivait avec ses milliards, à Lugano ; il va devenir un immense collectionneur. Mais des deux, le plus sympathique, c'était Fritz. C'est lui qui dirigeait l'empire. Il a financé Hitler à ses débuts, avant de se réveiller... Un peu tard, c'est sûr, mais il a fini par comprendre. De Suisse d'abord, d'où il s'est fait expulser, puis de France, il a financé contre les nazis tout ce qu'il a pu. En Allemagne, on lui a tout pris : ses usines, ses biens. Dans les années d'avant-guerre, il venait souvent à la maison. Il achetait Fragonard, son peintre préféré... C'est Pétain qui l'a livré aux Allemands, en 1940. Pétain l'a donné à la Gestapo ! Un grand moment, ça. C'était compris dans l'armistice. Fritz a donc été ramené en Allemagne. De là, ils l'ont expédié à Dachau.

Dans les années 1960, j'ai fait la connaissance de sa fille. Sa fille unique. La comtesse Zichy. Elle vivait en Argentine. Une femme formidable. Nous sommes devenus de bons amis. Les Thyssen avaient récupéré leurs biens, mais elle ne voulait plus rentrer en Allemagne. Elle était dégoûtée. Le souvenir de son père... Elle me disait : « Il y a encore la maison, Daniel. Allez-y. C'est votre maison. Vous y serez toujours chez vous. » J'y suis allé. J'ai été voir la maison de Fritz, dans le sud-est de l'Allemagne, à la frontière de l'Autriche. Une propriété superbe, fantastique, avec des forêts, des cascades. J'avais l'impression d'avancer dans un opéra de Wagner. J'ai reconnu les tableaux qu'il avait achetés à mon père et à mon grand-père. Les quelques Fragonard... Et j'ai revu le visage de Fritz Thyssen.

C'était un type courageux.

Le Grand Maurice

Parmi les clients, il ne faut pas oublier les Français. Veil-Picard. Arthur Veil-Picard. Le roi du Pernod. Avec son imposante Légion d'honneur sur des costumes éternellement fripés. Grand collectionneur.

M. David-Weill. Le banquier. Un homme épatant et généreux — toute sa vie — avec les musées. Il a été un des vieux piliers de la maison. Un client énorme et un fidèle. Il a acquis du dix-huitième siècle dès la fin du XIXᵉ. Tableaux, sculptures, tapisseries. Il n'arrêtait pas d'acheter... Et puis un jour, sur la fin des années 1930, il est tombé amoureux du dix-neuvième siècle. Au sens large : de Corot à Cézanne... A Neuilly, dans son hôtel particulier, il n'avait plus de place sur les murs pour accrocher quoi que ce soit. Plus rien. Plus un centimètre carré. Qu'a-t-il fait ? Il a confié sa collection du dix-huitième siècle à mon père pour qu'il la lui vende aux Etats-Unis. Il a libéré ses murs. Et il a recommencé !

Les Rothschild. Nos grands clients. Les plus importants. De vrais amoureux qui ne recherchaient que le Plus Beau. Que l'Unique. Ils ont été chez mon grand-père dès la première heure. Le baron James. Le baron Edmond. Le baron Edouard. Et surtout Maurice... Le Grand Maurice. Un amateur d'art de haute voltige. Un connaisseur inouï. Celui-là, s'il avait été marchand, il eût été le meilleur de tous...

Le baron Maurice était un ami de la famille. Il arrivait ici à six heures et demie du soir. Il s'asseyait dans le salon et il repartait vers huit heures. Tous les jours, il y avait quelque chose qui attirait son œil. Qui l'intéressait. Qui l'excitait. Il rapportait parfois deux Boucher et il emportait un Watteau. Il avait tout acheté ici. Il pouvait bien rendre. En fait, il échangeait. Mais, chaque fois, c'était pour améliorer. Le Grand Maurice savait ce qu'il faisait. Il le faisait également chez tous les marchands de meubles anciens.

Il ressemblait à Louis XIV. Il était d'une morgue exceptionnelle. Avec lui, je dois dire qu'on s'ennuyait rarement. Une histoire fameuse courait sur Maurice... Un jour, il croise un Anglais qui avait un très gros ventre. Il lui demande : « Vous attendez une fille ou un garçon ? » L'Anglais encaisse le coup. Et lui répond : « Si c'est un garçon, je l'appellerai George... comme le roi d'Angleterre. Si c'est une fille, je l'appellerai Victoria... comme la reine d'Angleterre. Et si c'est de la merde, je l'appellerai Maurice... comme vous ! »

Ils étaient nombreux à le haïr. Je me souviens d'un bal qu'il avait donné dans son hôtel particulier. Ce soir-là, j'ai vu des gens écraser leur cigare sur les tableaux. Eteindre son cigare sur la figure d'un chef-d'œuvre ! C'est pitoyable...

Mon père et mon grand-père aimaient vraiment Maurice. Et Maurice les aimait vraiment.

Wildenstein & Gimpel

En 1889, mon grand-père s'était associé à l'Alsacien Gimpel, dont le fils, René, nous laissera son merveilleux *Journal d'un collectionneur* — avant de mourir d'épuisement, en janvier 1945, au camp de Neuengamme. Leur association a duré jusqu'à la guerre de 14-18. Dans une lettre envoyée des Etats-Unis, que mon grand-père fera encadrer dans son bureau, un Gimpel affolé voyait déjà les Allemands à Paris... Par la suite, René Gimpel gardera des relations très amicales, très cordiales avec notre famille. Je ne l'ai pas connu. Tout ce que je peux dire, c'est que ses enfants ont toujours été d'excellents marchands.

Les Gimpel étaient des anglophones. Le partenariat avec la maison Wildenstein visait surtout les pays anglo-saxons. Chez Martin Colnaghi, à Londres, Gimpel et mon grand-père vendaient aux Anglais ce que les Anglais désiraient : des Guardi, par exemple... Et ils achetaient, à petits prix, des tableaux français de l'Ancien Régime. Il y en avait. Il y en avait depuis la Révolution française. A cette époque, nos ancêtres ont quand même vidé quelques châteaux. Pendant deux ans, à Paris comme à Versailles, ils ont organisé des ventes avec un réel savoir-faire. Avec des experts, des notices, des certificats et des prix de réserve. Quand un tableau ou un objet ne faisait pas la réserve, il était retiré et on le représentait dans une vente ultérieure. C'est clair, ces gens-là étaient des professionnels. A leurs ventes, les Anglais ont acheté. Cent ans plus tard, ces tableaux n'étaient plus à leur goût. Mon grand-père les a donc rachetés...

Pour les revendre, cela va de soi.

La conquête de l'Amérique

Au début de ce siècle, les Américains n'étaient pas en admiration béate devant l'art français du XVIIIᵉ siècle. Là-bas, on aimait surtout l'art anglais et la peinture sportive : les meutes de chiens, les jaquettes rouges et les cors de chasse... On appréciait Hogarth, Reynolds, Gainsborough, Lawrence. Pour les gens aisés, cette culture anglaise était une grosse tranche de leur passé. Fragonard, pas vraiment. Fragonard, c'était la dernière idée du client. Et même le cadet de ses soucis... Alors qu'a fait mon grand-père ? Auprès des Américains qui vivaient à Paris, il a sorti l'artillerie lourde.

A la Hitler, il a répété des énormités, matraqué des contrevérités absolues, martelé des mensonges éhontés. Et sur un seul thème... « Il n'y a de beau que l'art français, et tous ceux qui ont acheté de l'art anglais sont des crétins ! » Quand mon grand-père était parti, on avait beaucoup de mal à l'arrêter : « Ce n'est rien d'autre que de la photographie ! Des photographes ! Qui n'ont aucun talent ! Aucun intérêt ! Ce ne seront jamais des peintres ! » Et il en remettait : « Les Anglais, c'est zéro ! » Chez Wildenstein, à New York, on reprenait en chœur et en cadence : « De la photo ! » Là-bas, pour parler d'art, il y avait Gimpel. Pour porter les tableaux, il y avait Félix. Le cousin Félix. Elégant, mince, distingué. Un cousin éloigné. Très éloigné. Il ne venait pas de Fegersheim. Il était d'une branche implantée dans la région de Mulhouse. Etait-il au courant pour Nathan ? A-t-il pratiqué l'omerta ? Je ne sais pas. J'ai été très proche de Félix. Il ne m'a jamais fait la moindre allusion au drame... Nathan connaissait surtout son père, qui était parti en Amérique, en 1892, pour y vendre des draps. Mon grand-père avait réfléchi. Et lui avait écrit : « Ton grand crétin de Félix est déjà sur place. Il fera l'affaire. Il aura l'air d'un proche. D'un Wildenstein. Les gens *veulent* du Wildenstein. » Et voilà. Tout ce petit monde, de Paris à New York, a bien tapé sur les Anglais. Finalement, les Américains ont acheté Fragonard et tout le reste. Le grand-père a été très convaincant. Sur la peinture anglaise, même mon père l'a cru. Et moi, donc ! Je ne vends pas de peinture anglaise. Je n'ai jamais vendu de peinture anglaise. Pourquoi ?

Parce que je suis un imbécile.

La peinture anglaise est pleine de charme et de très bons peintres.

New York

Avec ses allures de mannequin, le cousin Félix a d'abord soulevé les toiles. Et, petit à petit, il est devenu vendeur. Un bon vendeur. Comme disait papa : « Il ne peut pas se tromper puisqu'il n'ouvre pas la bouche. » Peu importait le tableau qu'il montrait, Félix disait toujours : « C'est un très beau tableau. » Et rien ensuite... Plus un mot. Il restait muet en attendant la question fatale : « Combien ? » C'était le système Félix, et ça marchait... Dans la vie, il n'était pas comme ça. Félix était plutôt loquace. Il a démarré vers 1900 et il est mort en 1957. C'est lui, c'est Félix, qui m'a parlé des années héroïques. De nos débuts en Amérique, de nos clients.

J. P. Morgan. Le banquier. Il a été l'un des premiers à pousser la porte. Un type chaleureux, paraît-il. Morgan venait à la galerie avec sa fille et sa maîtresse. Il les associait à ses choix. Il prenait leurs avis. Avant d'acheter, il les consultait toujours. Comme disait Félix : « Je ne l'ai jamais vu venir ici avec sa femme. Pour une excellente raison. Il la détestait. » Après la crise de 1929, la collection de Morgan est passée en vente publique. Il doit bien me rester, à New York, quelques petites choses de la vente...

Julius Bache. L'empereur de Wall Street. Juif allemand d'origine. Agent de change. Le plus gros *broker* d'Amérique. Fortune vertigineuse. Qui confiait à Félix : « Je suis l'homme le plus courtisé de Wall Street. Mais dès que je rentre chez moi, dès que je remonte vers la 60e Rue, il n'y en a plus un pour me dire bonjour. » Ceux qui lui léchaient les souliers à midi détournaient la tête en début de soirée. Là-bas comme ailleurs, il y avait un peu d'antisémitisme... Félix le voyait souvent. Bache lui achetait surtout les grands peintres flamands, hollandais, espagnols ; des Goya, des Rembrandt magnifiques. Il a ainsi constitué une collection de grande classe, de très grande allure. Pas immense, une quarantaine de toiles, mais quelles toiles !... On peut les voir aujourd'hui au Metropolitan : elles y sont. Il a tout donné. Il est devenu *trustee* du Met. Membre du conseil d'administration. On lui devait bien ça. C'était la moindre des choses. D'ailleurs, il dira à Félix : « On me serre la main grâce à cette collection. Même *uptown*, Félix. Même *uptown*. Mais sans elle... »

Randolph Hearst. Propriétaire du *New York Journal*. En un sens, il était comme mon grand-père. Il matraquait les gens avec son empire de presse, comme Nathan les matraquait avec son dix-huitième siècle. Il a peut-être été *le* plus gros client de notre maison new-yorkaise. Je cite Félix : « Il était très grand, très sombre, avec une voix de fausset. Oublie Orson Welles dans *Citizen Kane*... » Hearst avait une fortune immense, et une maladie qui va parfois avec : la folie des achats. Cela relevait d'une pathologie lourde. Là où il passait, il achetait aussi bien un cloître médiéval qu'une fontaine de la Renaissance. Il les faisait démonter en morceaux, et il envoyait tout ça dans sa propriété de San Simeon. Une espèce de château fort moyenâgeux et parfaitement toc. C'est là qu'il entassait. Il avait un bric-à-brac de très belle facture. Il n'achetait que de l'ancien. Des statues en bronze, en plomb, en marbre, en ce que vous voulez. Nous lui avons vendu du dix-huitième siècle : de la sculpture française. A partir des années 1930, il achètera les peintres : Watteau, Greuze, Fragonard. Mais pas pour lui. Pour sa maîtresse : la merveilleuse Marion Davis... Quand elle est morte, à New York, une grande vente a suivi. Tout y est passé.

Félix allait voir Hearst, là-bas, à San Simeon. A l'entendre, ça valait le déplacement : « Il avait installé son bureau dans l'entrée, qui était un peu plus vaste qu'un hall de gare. Il y avait mis un orgue gigantesque et lugubre. Les domestiques demeuraient invisibles. Pas une tête dans le paysage. Il ne voulait voir personne. L'ensemble était d'une tristesse totale... » Pour discuter, ils allaient se promener dans le parc. Parfois, un petit bruit se faisait entendre. Hearst s'excusait et disparaissait derrière un arbre. Derrière chaque arbre, il y avait un téléphone. Félix n'en revenait pas : « Chaque arbre avait son téléphone ! Et nous étions dans une forêt ! »

Au début des années 1950, à New York, j'ai assisté à une chose hallucinante. A sa mort, Randolph Hearst laissait plus de vingt mille objets et quelque cinq cents tableaux. Cette collection n'est jamais passée en vente publique. Elle n'a pas davantage été confiée à un marchand. Elle a été liquidée chez Gimbel's. Les grands magasins. C'est comme si on vendait les toiles des Rothschild aux Galeries Lafayette. Un étage de Gimbel's. Une armée de vendeuses. Chaque objet, chaque tableau avait son prix sur une étiquette. Vous pouviez acheter un truc à 2 000 dollars ou à un million de dollars. Un spectacle incroyable. J'ai acheté beaucoup. Les marchands se sont précipités là-dessus. Dès qu'un objet était vendu, il en revenait un autre.

La vente a duré presque deux ans.

Nathan et Georges Wildenstein

La bibliothèque vivante

En 1882, mes grands-parents ont donné naissance à une fille : Elisabeth. Qui était bête, laide et pimbêche. Les trois à la fois, c'est trop. C'est même impardonnable. Après Elisabeth, ils ont eu trois enfants mort-nés ou qui n'ont pas survécu. Enfin, en 1892, mon père est né. Georges Wildenstein.

Je dois dire que je n'ai jamais été un grand admirateur de papa. Peut-être et même sûrement pas assez, j'en conviens. Mon père a été un mauvais père. Et j'ai donc été un mauvais fils.

Mon père adorait sa mère. Il la vénérait. Quand mon grand-père sortait de la maison, elle demandait à son fils de le suivre. C'est elle qui me l'a raconté. Elle demandait à papa de filer mon grand-père. Il est vrai qu'il avait une petite faiblesse pour les dames, le Toto. Un matin, il disait à ma grand-mère qu'il partait pour Toulouse afin d'acheter des tableaux ; et l'après-midi même, elle lui tombait dessus au coin de la rue. Elle en aura bavé, la malheureuse. De là à faire espionner un père par son enfant, j'avoue que ça me dépasse...

Il faut parler d'une rupture profonde, complète, entre mon père et mon grand-père. Une rupture de goût, de style, une rupture culturelle dans tous les domaines de la vie. A commencer par une rupture vestimentaire. Peut-être parce qu'il avait démarré si bas, l'apparence comptait beaucoup pour Nathan. Quand on pense à lui, il faut penser à un homme élégant. Des costumes parfaitement coupés. Des gilets avec des fleurs brodées assorties. Des guêtres. Le chapeau. La canne. Mon père était tout le contraire. Costume noir léger. Cravate bleu foncé sur chemise blanche. Eté comme hiver, il s'habillait ainsi. Toujours pareil. Il trouvait, et il n'avait pas tout à fait tort, que mon grand-père en faisait « un peu beaucoup ». Il était « un peu trop élégant ». Mon père disait : « C'est un homme simple, papa. Il ne doit pas se montrer comme ça. Il faut briller par la parole. Par la pensée. Pas par le tweed. » Papa, lui, était brillantissime. Il était dur, sévère, un tantinet austère. Ni gai ni optimiste, même s'il aimait rire. Il avait le sens de la phrase qui claque. Il aimait jeter des mots à la volée. Il voulait tellement qu'on l'admire...

En clair, mon père était une bibliothèque vivante. Dès l'âge de six ans, il a commencé à collectionner des cartes postales et des photographies de tableaux. Et à lire... A tout lire. Littérature et livres d'art. Par milliers. Il lisait un livre en une heure et il s'en souvenait toute sa vie. Ce n'est pas une image. C'est la réalité. Mon père était un phénomène de foire. Je n'ai jamais vu ça. Sur les quatre millions de gravures qui sont à la Bibliothèque nationale, il en avait plus de trois millions dans un coin du cerveau. A la maison, nous avons quand même quelques dizaines de milliers d'ouvrages ; mon père avait tout absorbé, tout lu, tout bu. Il avait une mémoire encyclopédique. Et la seule chose, la seule, qui aura vraiment compté pour lui, à part sa mère, c'est l'art.

Pour mon grand-père, la vie était très simple : « Un

marchand qui se respecte n'a pas le droit de garder un tableau pour lui. Il doit le remettre sur le marché. » Mon grand-père n'était pas collectionneur. Etre à la fois marchand *et* collectionneur, c'était pour lui une attitude de délirant. Mon grand-père aimait ses tableaux, mais il fallait quand même que ça tourne. Mon père, moins ; de ce côté-là, je suis comme lui. Il faut d'abord jouir d'une toile. C'est du plaisir. C'est une découverte. C'est une relation amoureuse sans la garantie de fidélité — mais il y a des œuvres, c'est sûr, dont on ne se séparera *jamais*. Mon père, s'il était très attaché à cette maison, l'était plus encore à la peinture dans l'absolu. Il adorait acheter. Il détestait vendre et il le clamait : « Je n'aime pas ça ! »

En fait, il y avait deux hommes en lui. Il y avait d'abord le paranoïaque qui vivait dans un univers parallèle. Qui vérifiait les choses trois fois et qui se méfiait du monde entier. Il avait un réseau d'informateurs et d'espions. Entre les confidences des uns et les ragots des autres, il prêchait le faux pour savoir le vrai. On aurait dit le grand chef du FBI... En coulisses, sans que personne ne le sache, il avait même un avocat pour contrôler le travail de ses propres avocats. Maître Turpaud : un malade du secret. Le seul en qui mon père avait une confiance totale. Dès que j'entrais dans le bureau de papa, Turpaud s'arrêtait de parler normalement et se mettait à chuchoter derrière sa main... Turpaud, le roi de la messe basse.

Il y avait aussi le bon côté de mon père. Celui d'un être *très* généreux. Un être sans calcul, sans défiance et sans la moindre trace de dureté dans les affaires. Tout dépendait de qui il avait en face de lui. S'il avait un pur, il lui donnait le tableau. Par exemple, M. Alazard, le conservateur du musée d'Alger, n'avait pas d'argent pour acheter. Mon père, qui l'appréciait énormément, lui offrait les toiles. Mais ces deux-là parlaient la même langue. Ils pouvaient disserter des heures et des semaines sur le concept de musée idéal, sur ce qu'il devait être et sur ce qu'il n'était pas. Papa n'aimait que ça. Les intellectuels. Ou les dingues... Le plus souvent, les deux à la fois.

Mon grand-père, lui, ne s'entourait que de joyeux larrons. Il aimait les gens qui aimaient la vie. Il y avait Helleu, qui faisait de faux dessins de Watteau. Il y avait Boldini, qui s'était fait foutre à la porte des Etats-Unis parce qu'il avait tenté de violer les dames du monde qui posaient pour lui. C'étaient les copains de Toto, ça. Et il y avait Forain. Il y avait surtout Forain. Mon grand-père adorait Forain. Pas le peintre ni le caricaturiste. Il avait horreur de tout ce que faisait Forain. Il aimait l'homme. Il aimait sa gaieté et sa fibre communarde. Ils étaient les deux meilleurs amis du monde. Bien qu'ayant été anti-dreyfusard, il n'était pas antisémite pour deux sous. Je l'ai un peu connu. Forain était un brave homme et avant tout un rigolo. Pas comme Degas. Un enragé, celui-là. Antisémite jusqu'à la folie. Dans la famille, j'ai toujours entendu parler en mal de Degas. On évoquait « l'immonde Degas »... Il n'en reste pas moins que c'est un peintre d'une subtilité extraordinaire. Il est *vraiment* le descendant de Watteau. L'ignominie et le génie. La question intéressait Picasso, qui me disait : « Tu vois, le génie d'un peintre, c'est la somme de ses tares et de ses déficiences. » Peut-être. Mais Picasso, lui, avait du génie. Et c'était un type épatant.

Dans l'entourage de Nathan, il y avait également quelques grands républicains. Henri Rochefort. Raymond Poincaré. Il y avait surtout Clemenceau, le Tigre, l'idole absolue de mon grand-père. Après le traité de Versailles, Clemenceau est passé à la maison. Il n'avait pas d'argent. Il n'en a jamais eu. Sa seule fortune se résumait à un tableau de Poussin qu'il avait besoin de vendre. Il a demandé à Nathan s'il pouvait s'en occuper. Pour mon grand-père, il n'était pas question de profit. Il était seulement question de vendre ce Poussin le plus cher possible ! C'était son honneur, sa fierté, de lui rendre un tel service. Il avait plus que de l'admiration pour le Tigre : il le déifiait... Il a envoyé le tableau aux Etats-Unis. A New York, un Américain est entré dans la galerie. Cet Américain a acheté le Poussin. A un prix élevé et sans donner son nom. Il a payé en liquide. On lui a posé la question : « Où faut-il vous l'envoyer ? » Il a répondu : « Renvoyez-le d'où il vient. Chez M. Georges Clemenceau... » Cet Américain anonyme est sorti, et on ne l'a plus jamais revu. Le Poussin est donc revenu à Paris. Et je dois dire que mon grand-père s'est longtemps creusé la cervelle : « Comment ce type a-t-il pu savoir à qui appartenait ce Poussin ? » Ce n'était pas inscrit sur le tableau. C'était donc quelqu'un qui l'avait forcément vu. Quelqu'un qui était en France pendant la guerre ?... En tout cas, voilà quelqu'un qui avait une sacrée classe. C'est une énigme totale. Un grand mystère. C'est le mystère du Poussin de Clemenceau.

La maladie de l'art

Tous les jours, à midi pile, au retour de Drouot, mon grand-père déjeunait. Cet homme avait une pendule dans le ventre. Dans l'après-midi, de deux à quatre, il partait sur les champs de courses. Après les courses, il retournait à son travail : jusqu'à huit heures du soir, il voyait les clients. A huit heures précises, il montait se coucher avec un bol de café au lait. Pas de dîner. Il disait : « En Alsace, on ne dîne pas ! Alors, moi, je ne dîne pas ! » Je n'ai jamais su pourquoi en Alsace on ne dînait pas.

Mon père l'accompagnait tous les matins, à Drouot. Le vendredi, il passait au marché Biron. Il y achetait des livres anciens, des vieux papiers, des enluminures. A la différence de mon grand-père, il se couchait tard. A partir de la fin des années 1920, de cinq heures du soir jusqu'à dix heures et demie, toute la semaine, mon père aura rendez-vous avec sa maîtresse, *La Gazette des Beaux-Arts*. Son journal chéri. Ma pauvre mère l'attendait pour dîner, furieuse, et elle se plaignait, elle lui en faisait parfois toute une histoire. Il s'en foutait complètement, et il rentrait chaque soir un peu plus tard que la veille. Il lui disait : « Je rentre quand je rentre ! » Mon père vivait dans l'art et pour l'art. Il vivait sa maladie. Rien d'autre n'avait d'importance.

Rien d'autre ou presque. Mon père était hanté par la mort et superstitieux à un point ahurissant. Il avait toutes les superstitions. Il les avait vraiment toutes ! Celles des autres plus les siennes... Ne pas poser ses chaussures sur un lit : cela promet un cadavre. Ne pas passer sous une échelle. Eviter la couleur verte. Ne pas ouvrir un parapluie à l'intérieur de la maison. Et cela, ce n'était rien... C'était de la rigolade. Il y avait beaucoup mieux. Par exemple, mon père ne marchait *jamais* sur des dalles noires. Par conséquent, quand il rentrait à la maison — et dans l'entrée, il y a des dalles : des blanches et des noires —, il ne posait les pieds que sur les blanches. Ailleurs, dans la galerie, elles sont rouges et blanches : ça lui était égal. Mais les noires, surtout pas. Jamais les noires... C'était le deuil assuré. Je lui disais : « Mais pourquoi tu ne fais pas retirer ces foutues dalles et mettre juste du blanc, rien que du blanc ? » Il me répondait : « Non, non, c'est comme ça que j'ai connu la maison, telle que mon père l'a achetée... » D'ailleurs, au passage, avant d'entrer dans cette maison, il fallait qu'il touche de ses doigts le mur d'enceinte, comme s'il touchait du bois. Tout ce qui rappelait la mort gênait mon père. Il ne voulait pas la voir. Quand il arrivait à la page nécrologique du *Figaro*, il cachait le mot *deuil* avec la paume de sa main. C'était quelque chose de maladif. Il avait également dans sa poche une pièce de deux sous, à laquelle il tenait plus qu'à son stock. Plus qu'à sa fortune. Plus qu'à tout. Afin de conjurer je ne sais quoi, il la faisait sauter en l'air et il la rattrapait en vol. Bizarrement, après sa mort, je n'ai jamais retrouvé cette pièce de deux sous... Je l'aurais jetée au panier, et tout de suite. Le spectacle de ses névroses m'a guéri de la superstition sous toutes ses formes. Pour la vie.

Georges et Jane Wildenstein

Mon père a été appelé sous les drapeaux en 1912. Mon grand-père connaissait le colonel recruteur, qui a réussi à le caser aux Invalides. Papa a atterri au secrétariat du général Niox. C'est là qu'il a fait une découverte extraordinaire. Dans le bureau du général, il y avait un tableau maculé de suie, de crasse, de poussière, où l'on devinait à peine l'ombre de Napoléon sur son trône impérial. Mon père a tourné autour, et il a finalement demandé la permission de le nettoyer... On lui a dit oui. Il a dû sauter en l'air de joie. Nettoyer un tableau a toujours été *le* grand plaisir de son existence. C'était même l'un des rares moments où perçait en lui une humanité réelle. On le voyait se détendre, se relâcher. Nettoyer un tableau qu'il venait d'acheter, c'était son sport. Il jubilait. C'était du bonheur. Il libérait sa mentalité de carabin. Derrière le bourgeois qu'il était, il y avait et il y aura toujours en lui un potache de l'Ecole des beaux-arts... Quand il nettoyait, on l'entendait parfois chanter un répertoire d'une grossièreté vertigineuse... Un récital. Cela allait du *Musée d'Athènes* aux

Stances à Sophie. Ne me demandez pas de vous les chanter. J'en serais bien incapable, et j'aurais trop honte. Encore que *Le Musée d'Athènes*, ça parle d'art... Et bref, aux Invalides, mon père s'est mis à nettoyer ce Napoléon. Les couleurs du tableau ont réapparu. Et la signature avec : *Ingres Pxit anno 1806*. Le sacre de l'Empereur. Mon père venait de ressusciter le chef-d'œuvre de Jean Auguste Dominique Ingres. Mon père avait vingt ans à peine.

Quand la guerre a éclaté, il a été envoyé sur l'arrière du front, toujours dans les bureaux. S'il n'était pas en première ligne, il y avait une raison à cela. Mon père avait la tuberculose. Il en avait une sérieuse. Il en aura souffert toute son existence. A la fin de 1916, il a été réformé pour de bon... Sa vie entière, il gardera sur son bureau une photo de classe du lycée Carnot. Avec ses copains. Tous morts.

Deux ans avant la guerre, il avait épousé son amie d'enfance. Jane.

Ma mère.

Ma mère était une femme jolie, très jolie, très élégante... Elle aimait les fanfreluches. Ma mère a plutôt été une bonne mère... Elle était la fille de Léopold Lévi, un peintre qui avait suivi Cabanel en Angleterre. Elle était née là-bas. Léopold s'était marié avec une La Martinière, vieille famille de Vire. Ce qui faisait dire à mon père : « Ce ne sont que des andouilles ! » Pour sortir des âneries, papa était toujours bien là... Par la suite, ce Léopold Lévi avait quitté l'atelier de Cabanel. Il était rentré à Paris et s'était installé rue Pigalle, sur deux étages, comme marchand de meubles anciens et d'objets d'art. Pas de peinture. Il n'aurait jamais pu vendre un tableau. En tant que peintre, il considérait les marchands de tableaux comme les derniers des derniers. Et même de vendre des meubles, paraît-il, ça le dégoûtait : ce qui est ennuyeux, vous en conviendrez, quand on est marchand de meubles... Ce grand-père que je n'ai pas connu était un idéaliste. Il était, dit-on, le genre d'homme à dégainer les grandes phrases : « Ce monde est trop moche. Je voudrais l'avancer d'une bonne centaine d'années ! » Il est mort en 1914.

Wildenstein & Rosenberg

Je suis né le 11 septembre 1917. La Bertha cognait sur Paris. Les obus allemands tombaient à deux pas de la rue La Boétie. Ma mère m'a mis au monde en dehors de Paris. A Verrières-le-Buisson. Nous y avions une propriété que mon grand-père avait achetée et que nous avons toujours : le château de Marienthal. Des personnes nées dans le coin, je n'en ai connu que deux. Ma copine Louise et moi-même. Louise de Vilmorin. Ma Louise, qui me lançait des « Ah ! t'es mon pays, toi ! »...

Quand ma mère a accouché, mon grand-père se promenait dans le jardin. Il avait dit : « Si c'est un garçon, vous sonnez la cloche. Si c'est une fille, rien. » Il avait enterré le passé de sa famille. Il ne regardait donc que le futur. L'avenir des siens. Il voulait que ça continue après lui. Et il y a eu la cloche... Il paraît qu'il a sauté en l'air de joie ! Il m'attendait vraiment...

Mon père avait pour collaborateur Charles Terrasse, neveu de Bonnard et futur conservateur du palais de Fontainebleau. Charles m'a raconté plus tard que mon grand-père s'est penché sur mon berceau. « C'est votre portrait », lui a dit la nurse. Et Toto de répondre « Suis-je donc aussi laid ? »

J'aimerais juste dire un mot sur ma nurse. Miss Jessie Nolan. Irlandaise et catholique. Je l'appelais Mémé. Elle a beaucoup compté dans ma vie. Quand elle est arrivée chez nous, elle ne comprenait pas le français. Après quelques années, elle parlera mieux qu'un académicien. Mémé, Toto, Amère... Ce sera mon triangle. Mémé élèvera mes enfants. Elle repose aujourd'hui dans la tombe de mes parents.

Au début de l'année 1918, mon grand-père a décidé de passer l'hiver à Biarritz. Il a loué une villa qui avait pour nom, je crois, *Les Violettes*. Juste à côté, une richissime Chilienne, Mme Errazuriz, faisait décorer les murs intérieurs de sa *Mimoseraie* par Picasso... Dès l'âge de dix-huit ans, mon père s'était intéressé à l'impressionnisme, au cubisme et à tout le reste, mais il n'en parlait pas trop à la maison. Il pouvait difficilement en discuter avec mon grand-père, dont ce n'était pas le sujet de conversation favori à table.

A Biarritz, pendant ces drôles de vacances, Picasso a fait le portrait de ma mère. Elle me racontera plus tard les séances : « Parfois, il s'arrêtait juste pour venir jouer avec toi, tu étais dans ton berceau, là, tout près de moi... » Dans la vie, j'aurai rarement vu un homme montrer autant de gentillesse, de patience et d'amour envers les enfants. Je sais vaguement de quoi je parle. J'ai traîné dans ses jambes jusqu'à l'âge de quinze ans.

Il avait été révélé par Kahnweiler. Grand marchand. Grand amoureux de la France. Un juif allemand de Mannheim. Celui-là, mon grand-père l'adorait. Il en disait : « Ce garçon s'est fourvoyé dans une drôle de peinture, mais quelle passion il a ! Quelle générosité ! » Kahnweiler et mon père s'entendaient à merveille. Ils se ressemblaient presque. Lui aussi avait la maladie de l'art, mais avec l'humanité en plus. Les deux hommes partageaient les mêmes idées. De gauche, évidemment. Ils se livraient à des discussions interminables sur le sens de l'art ou de telle œuvre en particulier. Ils avaient en commun la passion du livre, de l'édition, du journalisme. On les retrouvera ensemble aux côtés des surréalistes, et pas n'importe où. Au premier rang.

A cause de la guerre, Picasso n'avait plus de marchand. Citoyen allemand, Kahnweiler avait dû quitter la France pour la Suisse, alors qu'il aimait tant notre pays... Après la guerre, la France lui prendra tout. Tous ses tableaux. Et pour lui, l'histoire se répétera en 1940. Avec les nazis, cette fois.

Un événement majeur va découler de Biarritz : la signature d'un contrat de quinze ans avec Picasso. A travers une association entre mon père et Paul Rosenberg.

Les frères Rosenberg. Paul et Léonce. Ils étaient juifs allemands d'origine. Ils ne travaillaient pas ensemble. Il y avait comme une opposition entre eux. Comme un petit quelque chose qui ne collait pas... Léonce était un intellectuel remarquable et un visionnaire. Léonce avait *vu* Picasso. Léonce avait *vu* Mondrian. Mais Léonce n'était pas très doué pour les affaires. Paul, s'il connaissait bien la peinture, était tout sauf un visionnaire. Mais il était intelligent. Il était brillant. Et très amusant. Cet homme était un commerçant né. Un vendeur merveilleux. Un génie, quoi. En réalité, si les deux frères avaient travaillé ensemble, ils auraient fait un malheur.

Mes grands-parents chérissaient Paul. Il avait été un peu courtier pour la maison. Ma grand-mère l'aimait énormément. Elle adorait Paul. Ce sont mes grands-parents qui lui ont présenté sa femme : l'une des trois filles d'un monsieur Loévis, qui avait une grosse affaire dans le vin. Chez les juifs, cela se passait souvent ainsi. On arrangeait les mariages. « C'est celle-là qu'il doit épouser ! Allez, hop ! Et voilà une bonne chose de réglée ! » En 1918, Paul était lui aussi à Biarritz. C'est mon grand-père qui lui a mis le pied à l'étrier... « On va l'aider à ouvrir sa maison. » Et c'est ce qu'il a fait, à quelques mètres d'ici, au 21 de la rue La Boétie. Il y avait deux étages, en bas, pour la galerie ; deux étages, au-dessus, pour Paul Rosenberg et les siens ; enfin, dans le même pâté d'immeubles, il y avait deux étages pour Picasso. Comme ça, on l'avait sous la main... On le surveillait. On était sûr qu'il n'allait pas vendre ses tableaux par-derrière. On le tenait... En prime, à la maison, mon père avait installé dans son bureau un téléphone rouge avec deux lignes spéciales : une ligne branchée sur la galerie de Paul, et l'autre sur l'atelier de Picasso. Il passait souvent à la maison... Picasso était d'une drôlerie exceptionnelle. Il m'a toujours fait rire. Je le revois dire à mon père : « Bon, alors qu'est-ce qu'on fait, maintenant ? Des cubes ? Des ronds ? Des carrés ? *On fait ce que vous voulez !* » C'était un professionnel...

Ce contrat de Picasso restera un acte contraire à tous les principes sacrés de mon père. Il a toujours été contre les contrats que les marchands font signer aux peintres. Il disait : « En moyenne, un grand peintre réussit deux bons tableaux sur dix et un chef-d'œuvre sur vingt. Ce sont ceux-là qu'il faut acheter. Et cher, très cher s'il le faut. » C'est ce qu'il a toujours fait. Le meilleur de Braque. Le meilleur de Bonnard. Le meilleur de Rouault. Le choix. Mon père était très fort pour le choix.

Je dirais que mon grand-père a financé la galerie Paul Rosenberg pour papa, bien sûr, mais aussi pour être certain d'une chose : que son fils ne lui rapporte pas ces « horreurs » à la maison. Il avait confiance en mon père, certes, mais il ne voulait pas les voir *ici*, ces tableaux. Pas de ça chez lui. Pas de confusion. Tant que c'était *là-bas*, en bas de la rue, ça allait. Et d'ailleurs, mon grand-père acceptait parfaitement qu'on vende chez nous, pêle-mêle, sous le même toit, Monet, Gauguin, Picasso avec Fragonard et Watteau. Mais pas à Paris. A New York. Pourquoi ? Parce qu'il n'y était pas. Parce qu'il ne les voyait pas. Il n'était pas là pour assister au spectacle. Donc, à New York, ça ne le dérangeait pas. Pour New

York, la seule consigne qu'il avait donné, c'était de bien accueillir tous les visiteurs. Pas que les snobs. Non. Tout le monde. Tous ceux qui apprécient la beauté. Et il avait également intimé un ordre : « Pas de bar ! On n'est pas là pour soûler les clients ! »

Au départ, mon grand-père et mon père avaient de gros intérêts dans l'affaire de Rosenberg. Au fur et à mesure, ils ont dû lui céder de plus en plus de parts, c'est ainsi que je l'imagine. Mon père et Paul se sont séparés en 1933. Ils se partageront une quantité de Picasso, de Van Gogh, de Manet. On a dit plus tard que mon père s'était débarrassé de ses deux cent cinquante Picasso sur-le-champ. Sur un coup de tête. Peut-être a-t-il lui-même accrédité cette histoire ? Tout est possible. En tout cas, c'est faux. Pour plusieurs raisons. D'abord, il n'aurait jamais fait ça à un ami, et Picasso était son ami. Ensuite, ces toiles ont été envoyées à New York. Là-bas, en pleine crise mondiale, elles étaient invendables. Mon père a donc écoulé ses Picasso sur une vingtaine d'années. Mais pas tous. Il en a gardé. J'en ai encore quelques-uns... Et pas les plus mauvais.

Entre mon père et Paul Rosenberg, la raison de la rupture n'aura rien à voir avec la peinture. Il y a eu une histoire de femme entre eux. Avec une haine phénoménale à la clef. Il va s'ensuivre un *remake* des Capulet et des Montaigu... Chez certains, la haine semble être un devoir héréditaire. Et je trouve ça insensé. Romanesque peut-être, mais insensé. On se hait, on se hait, et un jour on ne sait plus pourquoi on se hait... Même mes propres enfants, qui étaient loin d'être nés à cette époque, en ont fait les frais. Qu'on leur foute la paix. C'est plus qu'injuste. Mais c'est surtout n'importe quoi. Voilà ce que j'en pense.

L'arrivée du bélinographe

Je vous ai parlé du téléphone rouge. Mon père a toujours eu tous les derniers gadgets. Il travaillait comme il lisait, vite, très vite. Et il s'équipait avec tout ce qui pouvait lui permettre d'aller encore plus vite.

Donc, le bélino. Une révolution. Subitement, avec le bélino, les photographies de tableaux arrivaient de Londres, de New York, de partout. On dirait que le bélino a été inventé pour mon père. Le bélino, c'était la planète et la rapidité. Le bélino, c'était le noir et blanc. Et notre métier, c'est quoi ? Ce n'est pas réceptionner tous les matins un Toulouse-Lautrec, deux Van Gogh et trois Renoir. Non. Pas vraiment. Tous les jours, on reçoit des photographies d'œuvres anonymes. Et il faut découvrir de qui elles sont. Mais, avant d'aller vérifier ses intuitions dans les livres de gravures, il faut déjà pouvoir juger de la toile. Et on ne peut juger que sur du noir et blanc. Sur de la grisaille. La couleur trompe. Sur les photos, la couleur écrase tout et dissimule l'écriture du peintre.

Evidemment, le mieux, c'est encore d'avoir la toile devant soi. Et pour voir si un tableau est vrai, pour être quasi sûr qu'il est vrai, on le place sous une lumière au sodium. C'est cette lumière jaunâtre que l'on trouve encore dans certains tunnels. Le sodium anéantit les couleurs. Le sodium restitue la main du peintre.

A dire vrai, des marchands qui regardent encore à la lumière au sodium, je n'en connais presque plus. Aujourd'hui, on regarde surtout ce qu'il y a au dos de la toile. Les noms. Les cachets. D'où elle vient. A qui elle a appartenu.

A mon humble avis, et cela n'engage que moi, il vaut mieux regarder ce qu'il y a *sur* le tableau.

Les dimanches au Louvre

Un jour, à la maison, mon grand-père est venu me prendre par la main. Il m'a planté devant une toile et m'a dit : « Tu crois que c'est un Goya, Daniel ? »

Que c'est un *quoi* ? Un Goya ? Et qui c'est, ce type ? Je dois préciser que j'avais cinq ans.

Mon grand-père a enchaîné : « C'est un faux, Daniel. Et si ton œil ne le voit pas, ne le devine pas, c'est que tu es un imbécile... »

Ce coup-là, je sais qu'il ne l'a pas fait à mon père. J'en ai conclu que j'étais beaucoup plus important que lui... J'étais le numéro un. J'étais le roi. Je pouvais tout faire et tout dire à mes grands-parents.

Tous les dimanches, mon grand-père m'emmenait au Louvre. J'étais sur un nuage. Nous sautions dans la Lorraine, une automobile somptueuse, que conduisait le chauffeur. Il va de soi que mon grand-père ne savait pas conduire. Je ne crois même pas qu'il soit jamais monté sur une bicyclette.

Avec beaucoup d'intuition, il m'a d'abord attiré vers la sculpture. C'est fondamental pour éveiller un enfant à l'art. Il faut commencer par lui montrer ce qu'il peut comprendre. C'est-à-dire quoi ? De la matière à trois dimensions. L'enfant va tourner autour et se projeter. Pour un enfant, la sculpture est quelque chose d'identifiable, d'immédiat et d'amusant. C'est la base du catéchisme. « Et Dieu créa l'homme à son image. » Mon grand-père m'entraînait vers la sculpture grecque, qu'il aimait tant, et aussi vers la sculpture médiévale. Je rêvais devant les chevaliers de pierre et les armures qui vont si bien avec les histoires de Walter Scott. Nous allions également à la basilique de Saint-Denis. Là, je me régalais avec les gisants. En parlant de gisants, je revois le marquis de Biron dire à mon grand-père :

« J'en avais une dizaine dans mon château... Je les ai très bien vendus ! »

Au Louvre, dans la salle des antiquités égyptiennes, nous passions des heures devant le *Scribe accroupi*, cette merveille des merveilles. « Regarde, Daniel. Voilà ce que c'est qu'un chef-d'œuvre. Il n'y a rien de plus beau dans ce musée... » Avec moi, mon grand-père ne se livrait pas à un cours d'histoire de l'art. Il ne la connaissait pas. Il parlait des formes, des couleurs, de l'expression d'un visage. Il me disait pourquoi il trouvait ça beau. Il parlait sans forcer. Il ne m'a jamais forcé à aimer quoi que ce soit. C'était une initiation simple, douce, généreuse, délivrée par un amoureux de la beauté. Voilà. C'est tout. En tout cas, moi, j'ai adoré ces moments-là... Et quand on a passé des dimanches à l'écouter parler du crâne de ce *Scribe*, c'est très facile, ensuite, de déchiffrer la *Danseuse* de Degas. Pour sculpter sa grande danseuse de quatorze ans, c'est clair : Degas, lui, a passé des semaines et des semaines devant le *Scribe accroupi*.

Mon grand-père, ensuite, m'a dirigé vers la peinture. La sienne. Cela tombait bien. Cela tombait à pic. Dès qu'un enfant commence à mordre à l'art, il vaut mieux ne pas lui montrer n'importe quoi. Vous avez intérêt à lui éviter toute forme d'abstraction, et à le conduire vers une peinture évidente et joyeuse. Le dix-huitième siècle français est l'idéal. Boucher et *Madame de Pompadour*[1], c'est tout à fait indiqué. C'est parfait pour attaquer... Devant ces tableaux, mon grand-père me parlait alors très simplement de ce que le peintre avait voulu faire. Il me rappelait toujours : « Tu vois, Daniel, il n'y est pas arrivé. Parce qu'on n'y arrive jamais. C'est

---

1. Toile vendue par la maison Wildenstein à la Bayerische Hypotheken und Wechsel Bank. En dépôt à la Pinacothèque de Munich.

impossible d'y arriver. Mais voilà ce qu'il a voulu faire... » Le projet de l'artiste. Le projet ! Cela explique l'art à toutes les époques. Cela explique aussi bien Rembrandt que Cézanne ou Andy Warhol. Devant les tableaux, mon grand-père me parlait de la vie. Il m'apprenait la vie. « Ne crois surtout pas que c'est la vie telle qu'elle était. C'est une vie idéalisée. C'est une vie en mieux... » Il avait la psychologie de l'enfant. Il avait un discours sobre, ses mots à lui, et cela ne pouvait qu'exciter l'intérêt du petit garçon que j'étais. Il me disait : « Tu te doutes bien, Daniel, qu'à Versailles les femmes faisaient leurs petits besoins sous les escaliers. Le bas des robes était forcément d'une saleté repoussante. Tu ne le vois pas, ça, sur la toile, mais tu peux le deviner... » Ce qu'il me racontait était toujours vivant. Intéressant, simple, plein de bon sens. Cet homme inculte avait une démarche vraiment intelligente pour amener un enfant à vouloir en savoir davantage.

Avec mon père, la musique ne sera pas la même.

Avec lui, une visite au Louvre relevait d'un cours magistral. D'abord, on ne s'arrêtait jamais devant les chefs-d'œuvre. Jamais. Parce qu'à l'âge de huit ans j'étais censé les connaître. Tous. Cela allait de soi. On filait directement vers les petits maîtres, et il démarrait. Il me parlait des influences que le peintre avait subies, des tableaux derrière le tableau, de tout ce que le peintre avait vu et intégré pour en arriver là, des nuances, des faiblesses, des qualités de l'école qui était la sienne... J'étais enseveli sous une avalanche de noms, de mots que je ne comprenais pas toujours. A l'âge de dix ans, chaque fois que nous revenions d'une exposition, je devais passer l'examen. J'avais droit à un interrogatoire en règle. Il me fallait décrire et commenter toutes les œuvres de l'exposition. La psychologie, mon père ne savait pas ce que c'était. Il en ignorait le concept. Avec lui, le plaisir n'existait pas. On n'était pas là pour rigoler. C'était de la folie. Je n'en pouvais plus. Avec Toto, il n'y avait pas d'influence de ceci ou de cela. Il y avait un peintre qui se mettait à son chevalet, et qui faisait ce qu'il faisait. Point. Là, subitement, je passais d'un extrême à l'autre. A douze ans, un enfant a peut-être un peu envie de jouer aux billes... Moi, à douze ans, je basculais dans la philosophie appliquée, la critique d'art et l'histoire de l'art. A douze ans, je plongeais dans l'encyclopédisme au pas de charge. En force. Toujours en force. Mon père, lui, personne ne l'avait forcé. Sa mère l'avait guidé avec une subtilité certaine. Elle l'avait laissé venir, en pleine liberté. Moi, non... Je devais être comme il était. Tout de suite, et sans discuter.

Je ne suis pas comme lui. Je n'ai jamais été comme lui... Je n'ai jamais supporté les épreuves de force, les chantages et les leçons de morale. Ni de mon père et encore moins de quiconque sur cette planète. C'est clair.

En résumé, mon père m'aura appris beaucoup de choses. Mais il a parfaitement raté mon éducation selon *ses* critères. Il y a des pères qui savent éveiller, qui savent instruire leurs enfants. D'autres, pas. Cela n'a rien à voir avec l'intellect. Celui de papa était absolument éblouissant.

Inutile de vous cacher qu'à l'époque j'allais souvent me plaindre chez ma grand-mère. Je dénonçais le caporal. Elle allait l'engueuler et j'avais enfin la paix. J'étais sauvé. Il n'osait trop rien lui dire. Parce que sa mère, pour lui, c'était *tout*.

Monet au Panthéon

J'avais huit ans quand mon père m'a emmené avec lui à Giverny, pour voir Claude Monet. Mon père voulait que j'aie des souvenirs. Il avait bien raison. Je lui en suis très reconnaissant...

Avec sa barbe blanche, Monet ressemblait à un Père Noël qui ne dit pas bonjour aux enfants. Il me regardait d'un drôle d'air. Il avait peur que j'aille piétiner ses plates-bandes, ses fleurs, ses nénuphars ou je ne sais quoi. Il avait sûrement la hantise que je détruise ses motifs. A cette époque-là, Monet avait largement de quoi s'offrir un château et quelques forêts. Mais il avait acheté cette petite maison misérable et ce jardin de curé. Il n'avait dépensé que pour le jardin et le bassin qui allait avec.

En 1918, Monet avait demandé à Clemenceau si la France serait intéressée par une œuvre à laquelle il voulait consacrer le restant de ses jours. Le Tigre admirait Monet. Et mieux : il l'aimait. Nous lui devons des lettres sublimes et des pages magnifiques sur ce peintre. Grâce à Clemenceau, Monet s'est donc attelé à son projet des grands *Nymphéas*. Il a travaillé sur ces *Grandes Décorations* jusqu'à sa mort, en 1926.

En ce temps-là, je classais les peintres en deux catégories. Ceux qui étaient aimables avec les enfants, et ceux qui ne l'étaient pas. J'avais placé celui-là dans la deuxième catégorie, et je le lui ai d'ailleurs bien rendu. Mon livre sur Monet, j'ai mis presque cinquante ans à le faire. Je l'ai commencé en 1937. Avec moi, il ne faut pas être pressé.

J'ai envoyé une lettre au président de la République, en 1997. J'ai écrit pour quoi ? Pour lui demander de faire entrer Monet au Panthéon. Ce serait un si beau geste, après la si belle exposition des *Nymphéas* à l'Orangerie... Qui d'autre a fait un don d'une telle importance à la République française ? Qui ? Quel peintre ? Des noms ? Aucun. Il n'y a que lui. On ne trouvera que Monet. Au Panthéon, vous avez Joseph Marie Vien, peintre de la Révolution, que personne ou presque ne connaît...

Monet au Panthéon. Parce que la France le mérite.

Cela fait des années que je prêche cette cause dans un quasi-désert... Le président Jacques Chirac m'a répondu que l'idée était très séduisante. Alors j'attends. A quatre-vingt-deux ans, on a tout son temps... Peut-être vais-je assister à ce miracle ? Peut-être pas. Mais je sais qu'un jour il y sera... Et que la France, ce jour-là, sera fière d'accueillir — enfin ! — un grand peintre au Panthéon de la République.

Et ça réglera un petit détail, qui n'en est pas moins hallucinant. A sa mort, Monet a été enterré à Giverny dans le caveau du premier mari de sa seconde femme. On les a mis l'un sur l'autre : Monet sur la tête de Hoschedé, le collectionneur. Où est le problème ? Sur la tombe, il y a une croix de 1,50 mètre. Il y a de quoi se pincer... Le Vieux Crabe est mort en haïssant l'Eglise. Il haïssait tout ce qui avait un rapport, de près comme de loin, avec la religion et les soutanes.

Il était connu pour ça.

Les marchands glorieux

Diéterle, Gérard et Dubourg

Dès les années 1920, je suivais mon père et mon grand-père chez les marchands glorieux et héroïques... Des *personnages* ! Tous. Et pas deux qui se ressemblaient ! Chacun avait son bagout, son style. Ils étaient spectaculaires. Ce sont ces gens-là qui ont inventé le marché de l'art. Ils ont tout inventé. Sans eux, il n'y aurait rien. J'ai surtout connu ceux qui ont survécu à la crise de 1929, et je peux vous dire que ça a été rude...

Sur le boulevard Malesherbes, il y avait d'abord Diéterle, fils de Marie Diéterle, une artiste qui avait côtoyé Corot dans son intimité. Ce Diéterle aimait la peinture et Corot par-dessus tout. Il en était l'expert et il en parlait bien. Il en parlait vraiment bien. Il était merveilleux à entendre, cet homme-là. Il pouvait vous raconter la petite et la grande histoire de *chacune des œuvres* de Corot. Et il pouvait vous parler, aussi bien, des tableaux que Corot avait signés mais qu'il avait oublié de peindre !... Diéterle disait : « La générosité et la gentillesse de Corot avaient quelque chose d'admirable. Il ne refusait rien à ses amis peintres. Il savait qu'ils étaient dans le besoin. Il savait aussi que sa signature donnait de la valeur à leurs toiles. Alors il signait.

Il signait... C'était un type simple et formidable. C'était la bonté incarnée, Corot. » Aujourd'hui, j'ai le projet d'un catalogue raisonné de Corot avec le petit-fils de Diéterle. Peut-être pas tout à fait par hasard...

A côté de Diéterle, à quatre-vingts mètres, il y en avait un qui s'appelait Gérard. Raphaël Gérard. Ce monsieur portait à longueur d'année un pantalon rayé, une redingote noire et un col à manger de la tarte. On lui aurait donné le bon Dieu sans confession. Quand nous arrivions chez lui, mon père lui disait : « Ecoutez, monsieur Gérard. Montrez-moi vos tableaux, mais évitez de me sortir ceux que vous avez *déjà* arrangés. Vous voyez ce que je veux dire ? » Car c'était un parfait criminel. Non pas que les tableaux qu'il avait étaient faux. Les tableaux étaient bons. Mais il les faisait repeindre par son restaurateur. Et il les massacrait. Les danseuses de Degas, par exemple... A la base, elles ont de charmantes têtes de singe. Eh bien lui, il découpait les têtes de singe dans le pastel, et il les faisait remplacer par des têtes de poupée ! Oui. Les danseuses de Degas. Avec des têtes de poupée... Il vous disait : « Mais puisque ça plaît au client ! » Et il ajoutait : « Une tête de singe, monsieur Georges, ce n'est pas possible, ça ne peut pas plaire ! » Dois-je préciser que ces tableaux étaient irrémédiablement foutus ? Par ailleurs, ce Gérard ne voulait voir aucune vache sur un tableau. Avec lui, les vaches étaient en danger de mort. Il disait à son gars : « Y a une vache sur ce paysage ! Supprimez-la ! Les vaches, ça ne se vend pas ! » Ces tableaux-là, encore, on arrivait à les sauver... On pouvait récupérer la vache. Je n'ai jamais vu ça de ma vie. Il était épatant, ce Gérard, mais heureusement pour lui que les peintres étaient tous morts. Surtout Degas. Imaginez : si Degas avait vu *une* tête de poupée, une seule, il le tuait. Il lui faisait avaler son col à manger de la tarte !

A deux pas de Gérard, vous aviez également Dubourg... Il avait de bien beaux tableaux, celui-là. Dubourg allait de Corot aux cubistes. C'était un genre à lui seul. Le genre Dubourg... Petit gros impeccable. Toujours l'air ahuri. Toujours l'air de ne rien comprendre, de ne rien savoir... Il jouait son rôle à la perfection, car il savait ce qu'il faisait, et parfaitement bien. Beaucoup d'affaires ! Ce Dubourg me fascinait...

Seligmann

Ailleurs, il y avait les grands marchands. Les Seligmann... Hôtel particulier. On se rendait des visites de courtoisie. On échangeait des amabilités. La pluie et le beau temps. On ne se montrait jamais un tableau. Pas même un cadre. On avait les mêmes clients...

Durand-Ruel

La grande maison. Les pionniers. Paul Durand-Ruel... De lui, il me semble avoir encore l'image d'un petit bonhomme avec une moustache et des yeux qui voient tout. Il est mort en 1922. J'ai surtout connu ses petits-fils, Charles et Pierre, tous deux très distingués : de vrais connaisseurs et de grands amis de la famille. J'ai adoré Charles, et je crois pouvoir dire que ce fut réciproque... J'ai eu beaucoup de peine le jour où Charles m'a annoncé : « Nous avons soutenu, en 1874, la première exposition impressionniste. En 1974, il n'y aura plus de maison Durand-Ruel. J'arrête, Daniel... Un siècle, ça suffit. » Il a effectivement fermé, en 1974, sa galerie de l'avenue de Friedland. J'étais effondré. Je me disais : ce n'est pas possible, cette famille fabuleuse, cette famille à qui l'on doit tout, s'arrête ! Mais pourquoi ?

Et aujourd'hui, avec le recul, je crois que je comprends peut-être un peu mieux la décision de Charles. Je pense qu'il n'en pouvait plus de lâcher ses tableaux. Il n'en pouvait plus d'abandonner ses merveilles. De les voir partir. Il a dit *stop*. C'était devenu trop dur. C'était son sang qui s'écoulait... Après la mort de Charles, j'ai pris Jacques, son fils, qui a travaillé avec moi pendant une dizaine d'années. Aujourd'hui, j'ai la joie d'avoir à mes côtés Claire, sa petite-fille. C'est une fille sensationnelle. Elle travaille sur Pissarro. Elle a un œil que les autres n'ont pas. Elle a l'œil des Durand-Ruel. Et qu'est-ce qu'elle est jolie, Claire. Elle est si jolie...

Vollard

J'ai très bien connu Ambroise Vollard. C'était l'un de mes préférés.

Il était massif, avec sa voix de baryton, sa petite barbe et une espèce de calotte pour cacher sa calvitie. Il avait aussi une peur bleue d'attraper froid. Il portait sa calotte à l'année. Il la retirait seulement quand il posait pour Renoir ou pour Bonnard. Il se rendait peut-être compte qu'il avait l'air ridicule. Il disait à mon père : « Avec ce machin-là sur la tête, vous ne trouvez pas que j'ai l'air d'un juif ? » Mon père lui répondait : « Mais non, mais non, vous avez l'air de ce que vous avez l'air. D'un enfant des îles... » Il venait de la Réunion. Dans les années 1880, il avait débarqué en France les poches vides. Et il en avait bavé. Il avait démarré au bas de l'échelle comme employé pour des marchands. Il avait économisé sur tout et il avait acheté les peintres qu'il admirait : de Renoir à Cézanne, les seuls qu'il pouvait s'offrir parce qu'ils étaient bon marché. Quand je l'ai connu, il était riche à millions et d'une radinerie maladive. Il n'aurait pas donné l'heure exacte à quelqu'un. Tout pour les tableaux. Et tout pour les livres.

Il avait l'amour des beaux livres et la passion de l'édition. C'est en cela qu'il s'entendait avec mon père. Ils s'entendaient sur le choix d'une typographie, d'un corps, d'un alphabet, à qui on allait le commander... S'il fallait tester dix artisans et autant d'alphabets, aucun problème, il y allait. C'est le seul domaine où il ne mégotait pas. Avec ceux qui faisaient ses livres, il était d'une générosité et d'une gentillesse exquise... Les huit dernières années de sa vie, Vollard est venu à la maison tous les dimanches. C'était devenu un rite. Il arrivait dans l'après-midi. Il repartait vers onze heures du soir. Entre-temps, mon père et lui pouvaient disserter des heures et des heures sur la forme d'une lettrine.

Nous allions chez lui une ou deux fois par semaine pour *essayer* de lui acheter un tableau... Tout était par terre, en piles, toujours. Jamais de cadre. Il avait l'amour de son stock. Plus le stock grossissait, plus ça lui procurait du plaisir : on le voyait sur son visage. Vollard était un caractériel notoire. Si vous vouliez lui acheter un Cézanne, il fallait lui demander un Renoir. Pas un Cézanne, surtout pas. Un Renoir... Et là, avec un peu de chance, il vous sortait un Cézanne, il vous lâchait son prix et vous aviez intérêt à dire oui. Sinon il vous fallait au moins quinze jours pour rattraper le coup. Pour qu'il vous pardonne l'affront. Dans ses périodes de bouderie, il vous disait : « Je n'ai plus rien ! » Et les piles de tableaux étaient là, sous vos yeux... Il était bourru, souvent désagréable avec ceux qu'il ne connaissait pas, et il avait une peur panique qu'on le vole. A part ça, il était sensible, simple et surtout très drôle...

Un jour où nous étions chez lui, papa lui demande : « Dites-moi un peu. Je ne vois pas de Bonnard... Vous n'avez pas de Bonnard, ici ? »

Vollard s'étrangle à moitié : « Hein ? Moi, je n'ai pas de Bonnard ? Mais bien sûr que j'ai des Bonnard ! Et j'en ai même une sacrée quantité ! »

Mon père enchaîne : « Alors vous pourriez peut-être nous les montrer ?... »

En effet, il nous sort une pile de Bonnard. Des tableaux magnifiques. Période Nabis. Mon père les regarde, et lui dit : « Superbe. C'est curieux : aucun d'entre eux n'est signé. »

Et Vollard de se lancer dans une longue explication : « Vous allez comprendre... Je vais dans l'atelier de Bonnard et je lui dis : "Ah, ce tableau, il est beau. Ah, ça, il est beau. Ah, ça oui, il me tente. Et celui-là, il me plaît aussi. Et ceux-là, tiens. Ah, j'hésite... Dites, avant de prendre une décision, est-ce que vous m'autorisez à les emporter chez moi ?" Je les emporte chez moi. Je laisse passer un petit bout de temps. Et quand je retourne pour lui demander le prix des tableaux, il a oublié qu'il les a peints. Il me fait alors des petits prix. Mais je n'ose pas trop lui dire de venir les signer à la maison. J'ai peur qu'il revienne sur ses prix. Parce qu'il les reconnaîtrait, ses tableaux. Vous me suivez ? »

La méthode Vollard. Brevetée. Inventée par lui. Peut-être qu'à la Réunion on achetait et on vendait les bananes comme ça, mais, là, enfin, on parlait tout de même de Bonnard... C'était pour le moins étrange. C'est l'unique fois de ma vie où j'ai entendu une chose pareille.

Voilà un homme qui avait l'œil. J'ai des documents uniques à la maison. J'ai son inventaire de 1923 : une liste de trois mille tableaux avec des annotations de sa main. J'ai quelques-uns de ses livres de stock. Là-dedans, il n'y a que du bon. A sa mort, on a ricané, on s'est moqué de lui, on a dit qu'il avait aussi commis pas mal d'erreurs. C'est n'importe quoi. Par exemple, avoir acheté Valtat était tout sauf une erreur. Ce n'est pas parce qu'un artiste ne vaut pas beaucoup d'argent qu'il n'est pas un grand peintre. Louis Valtat est un grand peintre, un peintre que l'on commence à peine, aujourd'hui, à découvrir... Je rappelle, en passant, que Watteau, Boucher et Fragonard ont attendu plus d'un siècle et l'arrivée de mon grand-père avant qu'on leur accorde quelques petites qualités...

Ambroise Vollard avait Georges Rouault sous contrat. Il le payait au mois. J'entends encore Rouault me hurler dans l'oreille : « Cette ordure de Vollard a un double de ma clef ! Il vient encore de me faucher des toiles dans mon atelier ! » Il avait un mélange de respect et de haine féroce pour Vollard. De respect, parce que Vollard avait publié les planches de ses gravures, des *Réincarnations du Père Ubu* au *Cirque de l'Etoile filante*, et de bien d'autres choses encore, aussi merveilleuses les unes que les autres, et ça, Rouault en était vraiment fier... De haine, parce qu'il ne voulait pas qu'on touche à ses tableaux tant qu'il ne les avait pas signés. Le problème, c'est qu'il ne finissait *jamais* un tableau. Il considérait qu'une œuvre n'était jamais terminée. Donc, il ne voulait pas les donner à Vollard. Vollard — qui payait les mensualités — avait effectivement pris l'empreinte de sa serrure, et il allait effectivement se servir en tableaux dès que l'autre avait le dos tourné. D'ailleurs, des années plus tard, la fille de Rouault a refusé de reconnaître ces toiles non signées. Elle en voudra à Vollard d'avoir rendu son père malheureux. Il avait du talent, Rouault, mais quel emmerdeur ! Mon père l'aimait beaucoup. Mon père a toujours aimé les dingues.

Je discutais récemment avec le petit-fils de Rouault. Qui me disait : « Mon grand-père était un excellent grand-père. Il passait son temps à nous chanter des chansons de corps de garde ! » Le Rouault que j'ai connu, moi, était en permanence de mauvaise humeur et méchant comme la gale. Il sortait des horreurs sur tous les peintres. Toujours à en dire du mal. Pas un ne trouvait grâce à ses yeux. A l'entendre, c'étaient tous des nullités. A la longue, il me fatiguait un peu. Un jour, pour l'énerver un peu plus qu'il n'était, je lui ai demandé : « Qu'est-ce que vous pensez de Gustave Moreau ? » Il a sauté en l'air : « Gustave Moreau ? Mais c'est immonde, Gustave Moreau ! Pourquoi vous me parlez de ce Gustave Moreau ! » Moi : « Parce qu'il était votre professeur. Je me disais qu'il vous avait peut-être appris quelques petites choses, non ?... » Il s'est calmé d'un coup. « Ah, oui. Vous avez raison. Sans lui, oui, je ne serais peut-être rien... » Très vite, son naturel a repris le dessus : « ... mais du jour où j'ai tout compris, c'est lui qui n'était plus rien ! Il n'était plus *rien du tout* ! » Et c'était reparti. Qu'est-ce qu'il a pu lui mettre. Et qu'est-ce qu'il leur mettait à tous. Il vous les assassinait de cinquante façons différentes. En réalité, je crois qu'il était fou.

Un fou mystique et intense. Il ne s'en cachait pas, du reste. Il portait autour du cou une grande croix. Il parlait sans cesse du Jugement dernier. Il avait des visions. Dieu lui avait dit : « Peins ce truc ! » Le Seigneur ordonnait à ses pinceaux. Alors il obéissait. Et il en voulait à ce sauvage de Vollard, à ce païen, pour son manque évident de sens religieux. Vollard, lui, avait plutôt l'allure de quelqu'un qui a pratiqué le vaudou ; mais, ça, c'est moi qui l'invente. De toute façon, il passait tout à Rouault et aux peintres qui avaient du génie. Le génie effaçait leurs défauts. Pour lui, un homme équilibré, un parfait honnête homme était un homme parfaitement sans intérêt. Voilà l'idée profonde de Vollard. Il excusait ses peintres. Il les comprenait.

Il les sentait. Il les aimait. Et il en parlait si bien : rien n'était compliqué avec lui. La seule chose qui tapait vraiment sur le système de Vollard, c'est quand l'autre se mettait à cogner sur ses peintres...

Je me souviens d'un dîner chez *La Mère Catherine*, là-haut, sur la butte Montmartre. Autour de la table, il y avait Rouault, Vlaminck, Dunoyer de Segonzac et d'autres encore... Vollard était là, bien sûr. C'était un dîner organisé par Jean Metthey, le fils d'André, le grand céramiste. Je crois que ce soir-là je n'ai jamais autant ri de ma vie... Ce fut un massacre. Rouault insultait Vollard parce qu'il l'avait traîné là. Il le traitait de tous les noms, et Vollard qui lui répondait à coups de « c'est ça, c'est ça » et « allez vous faire foutre ». Rouault suffoquait. Il ne pouvait plus manger. Plus rien avaler. Il s'étranglait de rage. Les autres en pleuraient de rire. Les autres remettaient de l'huile sur le feu. Ils excitaient Rouault. On se serait cru à l'Ecole des beaux-arts.

Nous passions chez Vollard le matin, vers neuf heures, et nous y restions jusqu'à onze heures et demie. Il nous recevait dans sa salle à manger, là où il y avait les piles. Il y en avait aussi ailleurs, il y en avait partout, et j'étais bien le seul à être autorisé à me promener dans son appartement. Il ne me serait même pas venu à l'idée de soulever une toile. J'avais beaucoup de respect pour cet homme. Il était si solidaire de ses peintres. C'est la raison pour laquelle il haïssait les critiques d'art. Il les méprisait. Quand on lit ce qu'ils ont écrit sur Cézanne, il est facile d'imaginer ce qu'il en pensait

Il était très bavard. Un bavard magnifique. S'il était en discussion avec mon père ou avec Paul Valéry, il ne fallait pas le déranger. Vollard était intraitable. Il pouvait débarquer chez lui tous les Américains de la terre, des clients, des gros et des très gros, Vollard n'interrompait *jamais* sa conversation. « Mais qu'ils aillent tous se faire foutre !... » Il avait toujours quelque chose à nous montrer. Pas des tableaux. Des tableaux, jamais. Mais une lettre, une reliure, la page d'un livre... Je l'entends me dire : « Ecoute-moi ça, toi. » Et il se met à me lire une page du *Lourdes* de Zola. « C'est pas la doctrine communiste, ça, dis ? » Et, non, ça ne l'était pas. Il avait annoté la page de sa main. Ce livre est aujourd'hui dans ma bibliothèque.

A sa mort, un jeune homme qui faisait du courtage pour lui est parti en Yougoslavie avec un petit paquet de toiles. Soixante centimètres d'une pile, et il y avait de quoi ouvrir un musée... Il les a d'ailleurs laissées à un musée. Il a dit que Vollard les lui avait données. Vollard *donnant* quelque chose. J'en ris encore...

Pétridès

L'admirable Pétridès... Un grand comique, celui-là. Il était le marchand le plus menteur qui soit. Il mentait comme il respirait, et il avait du souffle... Il mentait sur *tout* ! Mon père disait : « C'est quand même celui que je préfère voir, parce que je sais qu'il ment, il sait que je le sais, et à moi il dit la vérité... » C'était un ancien tailleur, qui s'était d'abord constitué une petite collection de joyeuses saloperies, et qui avait fini par apprendre à aimer la peinture. Et puis la guerre est arrivée. Il a pris des tableaux chez Fabiani et chez d'autres, et il est allé les vendre aux Allemands. Ce n'était pas très compliqué, dans ces conditions, de gagner beaucoup d'argent. Cela a duré quatre ans. Pétridès a fait fortune. Ensuite, évidemment... Des années plus tard, il habitera juste à côté de chez nous, à quinze mètres de la maison. Quand on se croisait, chaque fois, il tâtait le revers de ma veste. Il tâtait avec deux doigts experts, et il me disait toujours : « Beau tissu. Bonne qualité. » C'est le tailleur qui ressortait.

Odermatt

Certains marchands me rappellent ces fourreurs, en Amérique, qui ont commencé par projeter des films muets sur des draps blancs, et qui finiront par inventer Hollywood... Je pense surtout à Odermatt, ce demi-Chinois dont la mère avait été garde-barrière en Alsace. Dans sa jeunesse, il avait un cheval, il marchait derrière et il savait à peine écrire. Plus tard, à Paris, on le retrouvera dans la chaussure pour femmes. Il avait une belle boutique : tout allait bien pour lui. Il va lâcher les godasses pour l'art, à l'exemple d'un Pétridès qui avait lâché ses pantalons. Comme un bottier et un tailleur vont plutôt bien ensemble, Odermatt a commencé chez Pétridès. C'est là qu'il a appris à décrire un tableau. Il est devenu un homme très cultivé. Il est allé en Amérique. Il y a été intermédiaire, avant de monter une affaire où il a gagné des fortunes. Il a fait mieux. Il a épousé la fille d'un Canadien qui possédait la Cunard Line. Ce sont des destins vraiment extraordinaires. Des destins de cinéma.

Duveen

Au-dessus de la mêlée, je dirais qu'il y avait Duveen. Le très cynique Joseph Duveen. Il était d'origine hollandaise et citoyen anglais. Il est d'ailleurs devenu Lord Duveen. Pour être lord, là-bas, il faut donner, c'est clair. Mais Joseph a donné ce qu'il fallait. Beaucoup d'argent aux musées et beaucoup de tableaux.

Il me disait souvent : « Si je n'avais pas connu ton grand-père, je ne serais jamais là où j'en suis aujourd'hui... » C'est Nathan, ici même, qui l'avait formé.

Duveen avait un avantage énorme sur mon grand-père et sur mon père. Il passait cinq mois par an à New York. Il y était. Il avait un hôtel particulier magnifique sur la 57e Rue, et la clientèle la plus snob d'Amérique. Il vivait également à Londres. Il vivait à Paris. Il était partout, le Joseph. Et il vendait de tout. Des meubles, des tableaux, des tapisseries, du Sèvres. De tout. Sauf de la peinture moderne. De ce côté-là, il avait été irradié par mon grand-père.

Il avait une fille et il rêvait d'avoir un garçon. Il me considérait un peu comme le fils qu'il n'avait pas. Il était une sorte de parrain pour moi. Alors il me livrait ses recettes : « Moi, tu vois, quand un homme riche vient me voir pour acheter, je lui demande d'abord s'il a les murs. "Non ? C'est très ennuyeux, ça... Et vos tableaux, vos sculptures, vous allez les mettre où ?" Et je lui explique qu'il faut d'abord les murs. Un collectionneur se doit de commencer par le commencement. C'est-à-dire par la maison. Et c'est là, Daniel, où j'interviens : je construis la maison. » Effectivement, il s'occupait de tout. Il avait une armée d'architectes dans son calepin. Les meilleurs. Il avait les meilleurs plus un génie : Frank Lloyd Wright. Wright va dessiner les maisons des Baker, des Vanderbilt, des Widener. Ensuite, Duveen se chargera de les « décorer ». Dans son genre, il était génial. Il me répétait gravement : « Daniel, il faut donner de l'ambition au client. » Sacré Joseph...

Mon père et Duveen. C'était quelque chose, ça. C'était beau à voir. Toute leur vie, ils auront travaillé ensemble. Ils ont acheté énormément de choses — et des collections entières, parfois — en compte à demi. C'est-à-dire à deux. En association. Et, toute leur vie, ils se sont insultés. Duveen me disait : « Ton grand-père, c'était un type bien, *lui*. Ce n'est pas comme ton père. Une vraie planche pourrie, celui-là ! » Papa, en écho, lui renvoyait des compliments de la même eau : « Dans le genre faux jeton et belle ordure, sois tranquille, tu n'as aucun rival ! » Comment parvenaient-ils à travailler ensemble ? Vous allez voir.

Je n'avais pas encore dix-sept ans. Un jour, mon père me demande de partir pour Londres. Il me dit : « Cinq très beaux Boucher passent dans une vente. Tu y vas et tu les achètes. » Je pars. J'arrive à Londres. Je descends à l'hôtel Claridge. J'ai à peine le temps d'ouvrir la porte de ma chambre que le téléphone sonne : c'est Joseph. Avec une voix plaintive, il me dit : « Oh, mon petit Daniel, cela me ferait tellement plaisir de te voir. Viens dîner avec moi. Allez... » Je vais chez Joseph. Une fois chez lui, la voix n'est déjà plus la même.

« T'es venu pour quoi ?

— J'ai l'intention de m'inscrire à l'Université l'année prochaine... Je viens là juste pour chercher quelques petits renseignements...

— A l'Université ? Ben voyons... T'es là pour quoi, Daniel ? T'es là pour les Boucher, dis. Avoue. Ne me raconte pas de bêtises. Avoue que ton père t'a envoyé pour la vente des Boucher !

— Les Boucher... Quels Boucher ? Quelle vente ? De quoi tu me parles ? Je suis là pour aller à l'Université, Joseph...

— Daniel, tu n'es qu'une petite merde comme ton père ! C'est dégueulasse de me faire ça à moi !

— Mais puisque je te répète que je n'ai rien à voir avec tes histoires de Boucher... »

Je prenais l'air idiot et je m'accrochais à mes histoires d'Université. Il ne rigolait pas du tout. Il a décroché son téléphone. Il a demandé le numéro de mon père à Paris.

« Georges, j'ai le petit qui est devant moi et qui me raconte un truc à dormir debout. Il ose me dire qu'il vient s'inscrire à l'Université. C'est une blague ou quoi ? Il est là pour les cinq Boucher ! Je le sais !

— Pas du tout. Mon fils a l'intention de suivre des études dans...

— Espèce de fumier ! Tu essaies de me doubler, hein ? C'est ça, dis ?

— En aucun cas. Daniel a décidé de...

— T'es vraiment qu'un sale type ! Tu vas voir ce qu'ils vont te coûter, tes Boucher ! Je te le promets ! Je te le jure ! Je vais te les pousser à mort ! Et là-dessus, tu peux me faire confiance !

— Fais comme tu le sens ! Je m'en fous totalement ! J'espère que tu te les garderas sur les bras ! »

Entre eux, il en était toujours ainsi. Des scènes de ménage épouvantables. Affreuses. Mais il y avait forcément un moment où ils finissaient par se calmer... Cette fois-ci comme les autres.

« Vaudrait mieux s'arranger. Tu ne crois pas ?

— D'accord.

— Compte à demi ?

— Compte à demi. »

Joseph me passe le téléphone. Et mon père me dit .

« Tu peux rentrer, Daniel. L'affaire est réglée. »

Duveen & Berenson

Joseph était incapable de juger vraiment d'une œuvre. Ce n'était pas son souci majeur. Pour deux raisons. Il n'achetait que du « célèbre ». Et il savait s'entourer. Avec lui, il avait tous les experts possibles et imaginables. Pour les primitifs italiens, il avait l'Américain Berenson. Le fameux Bernard Berenson... Cet homme-là avait des allures d'aristocrate. Il ressemblait à un petit gringalet, toujours tiré à quatre épingles, un peu blasé, un peu constipé. Berenson était mensualisé par Duveen, qui l'avait donc en exclusivité. Il lui rabattait les grands tableaux italiens, que Joseph revendait ensuite aux collectionneurs américains. A ceci près : il existait un accord secret entre Berenson et les Wildenstein. Avant d'alerter Duveen sur les toiles, il nous les proposait d'abord. Nous avions le premier choix et la possibilité de refuser. Berenson pouvait toujours essayer de nous faire acheter un tableau en hurlant au chef-d'œuvre, quand mon grand-père n'était pas intéressé, il lui faisait savoir : « Laissez tomber. Je n'en veux pas. » Cet accord et les lettres qui allaient avec, où il nous signalait tout ce qu'il voyait, devaient rester confidentiels. *Top secret*. A ne montrer à personne. Même après la mort de Joseph, Berenson n'a pas voulu que ça se sache. Je le comprends. Il demandait 50 pour 100 des bénéfices sur toutes les affaires qu'il apportait. Ce qui, pour un expert, est proprement ahurissant ! Il a surtout travaillé pour mon père... Mon grand-père le méprisait : « C'est un escroc ! Je n'ai aucun respect pour ce type ! A ce tarif-là, qu'est-ce qu'il attend pour devenir marchand ! »

Tous les ans, j'allais passer trois semaines dans sa villa *I Tatti*, en Toscane. Là-bas, j'ai planché des heures sur ses photographies de tableaux, et il en avait... A travers les photos, il m'apprenait à identifier des primitifs. A les déchiffrer. A les lire. Nous allions également voir ensemble les grandes expositions sur l'art italien... Aujourd'hui, il est de bon ton de dénigrer le talent de Berenson. C'est très à la mode — surtout chez ceux qui ne l'ont jamais vu de leur vie.

Je dois dire qu'à moi il m'aura appris beaucoup de choses...

Kleinberger

L'Amérique, elle aussi, a eu ses marchands glorieux. Comme j'ai passé vingt-cinq ans de ma vie entre Paris et New York, j'en ai croisé quelques-uns dans les années 1940 et 1950...

Kleinberger était l'un d'entre eux. Ce marchand très sérieux, juif autrichien d'origine, vendait surtout de la peinture hollandaise. Il était subtil et plein d'esprit. Il avait une façon bien à lui de résumer la situation : « Entre nous, c'est quoi ce métier ? C'est un type qui pousse la porte. Qui s'assoit. Qui vous demande de lui montrer ce qui est à vendre. Qui achète parfois un tableau. Ou qui n'achète rien. Dans les deux cas, quand il a tué les deux heures où il n'avait rien à foutre, il se lève et il vous dit bonsoir ! » C'est une définition qui en vaut sûrement une autre. En l'occurrence, il faisait surtout allusion au vieux Goldman.

Harry Goldman était un collectionneur immensément riche, qui avait fait fortune dans la confection. Du costume à 3 dollars jusqu'à la salopette de jardinier, il vendait toute la gamme. Il venait très souvent chez Kleinberger. Il passait trois bonnes heures dans sa galerie. Il lui faisait tout déballer et ne lui achetait jamais rien. Un jour, il a dit à Kleinberger : « Ecoutez, je suis gêné, je ne vais plus venir. Je vous fais perdre votre temps.

— Mais si, mais si, venez. Cela me fait plaisir de vous voir.

— Mais, enfin, je ne vous achète jamais rien !

— Et alors ? Tenez, des clients comme vous, j'aimerais bien en avoir deux !

— Hein ? Vous voudriez avoir *deux* clients comme moi ? Mais comment vous allez gagner votre vie ? »

Kleinberger lui a alors sorti la grande tirade : « Ne vous inquiétez pas, monsieur Goldman. Des vrais clients, moi, j'en ai *cent* !... »

Knoedler

Dans ce métier, s'il y a des clients de tout poil, on tombe aussi sur des vendeurs de toutes les couleurs. Je reste fasciné par un type que j'ai vu en action chez Knoedler. Ce garçon élancé, élégant, jouait très bien au golf. Il faisait jouer ses clients. Ensuite, quand les golfeurs passaient à la galerie, le tableau qu'il leur montrait importait peu. Que ce soit un Rubens, un Monet, un Picasso, il leur disait : « C'est grand comme la tour Eiffel ! » Les clients acquiesçaient d'un air pénétré, et ils achetaient le tableau. Le jour où j'ai vu ça, j'avoue que les bras m'en sont tombés. C'était époustouflant. De ma vie entière je n'ai assisté à un tel spectacle. Quelle leçon ! Il représentait une école à lui tout seul, celui-là. Harry Brooks, le vice-président de Knoedler, que j'ai pris par la suite pour diriger notre maison new-yorkaise, me l'a confirmé : « Ce type aura répété ça toute son existence. *C'est grand comme la tour Eiffel !* Et ça marchait à tout coup. J'admets que ça reste incompréhensible. » C'était un génie...

Young

Très peu de gens pénétraient dans le bureau de Howard Young. Avec mon père, nous en étions. Cet homme charmant habitait un premier étage entre Madison et Park Avenue. Il vendait les Anglais du XVIIIe siècle et quelques Américains du XIXe siècle.

Winslow Homer. William Emerit Chase. Audubon et ses oiseaux. Ce genre-là.... Ce Howard Young ressemblait à une gravure de Philéas Fogg dans les livres illustrés d'antan : costaud, le visage décidé, la mâchoire carrée. Dans les années 1920, il avait eu comme vendeur un neveu qui s'appelait Taylor. Il l'envoyait six mois par an en Californie pour ses affaires. Taylor était marié à une femme d'une beauté, d'une classe à vous couper le souffle. En Angleterre, sa femme accouchera d'une fille : Elizabeth.

A l'époque où nous rendions des visites à Howard Young, Elizabeth Taylor était déjà une star à Hollywood. Il avait mis des photos d'elle partout dans son bureau. Il était si fier d'elle, de sa carrière, de la vie qui était la sienne. Quand il en parlait, c'était un chant d'amour. Dans ces années-là, Young n'achetait plus de tableaux. Au contraire, il liquidait son stock. « Je vais mourir un jour, disait-il. Et je veux laisser ma fortune à ma petite Elizabeth chérie... Je l'aime comme ma fille. »

Plus tard, j'ai rencontré Elizabeth Taylor. Je n'ai pas osé insister là-dessus. Mais j'ai conservé le souvenir d'une fille intelligente, chouette, généreuse, et qui connaît bien la peinture. En voilà une qui sait vraiment de quoi elle parle.

L'avant-guerre

Le voyage à Leningrad

A la fin des années 1920, trois hommes ont acheté une jolie quantité de chefs-d'œuvre au musée de l'Ermitage. Deux d'entre eux sont connus : Andrew Mellon, le ministre des Finances des Etats-Unis d'Amérique, et Callouste Gulbenkian, le Talleyrand du pétrole.

Qui était le troisième homme ? Mon père, bien sûr... C'est lui qui a monté l'affaire et qui est parti négocier les tableaux à Leningrad. Papa avait beau être lui aussi du genre casanier, là, il aurait été capable de s'y rendre à pied... Il s'agissait du coup du siècle. De la chose qui n'arrive jamais : c'est comme si vous alliez aujourd'hui acheter les tableaux du Louvre. A l'origine, l'idée venait de Gorki : vendre l'art et acheter des tracteurs ! A Paris, mon père avait été approché par un de ses copains : Ilya Ehrenbourg. L'écrivain. Le futur ministre. Il venait souvent en France. Il s'y était même constitué une jolie petite collection. C'était lui, le contact. Mon père a donc pris le train pour Berlin. De là, il en a pris un autre pour Leningrad. Il ne m'a jamais raconté son voyage, mais je sais qu'il en a acheté pour des sommes faramineuses. Rien que des chefs-d'œuvre, et payés à prix d'or. C'est d'ailleurs la philosophie de la maison : on n'hésite pas devant un chef-d'œuvre. Il a acheté *Les Comédiens italiens* de Watteau pour nous. Il a rapporté des Rembrandt sensationnels, des Rubens magnifiques. Il a pris *La Madone d'Albe* de Raphaël pour Mellon. Sans parler de la *Vénus* en marbre de Houdon — la plus belle sculpture qu'il ait jamais faite — pour Gulbenkian...

L'Arménien. Monsieur 5 pour 100. Un type incroyable.

Quand j'avais cinq ans, à l'époque où je jouais sur le sable de Deauville, Gulbenkian venait jusqu'à la plage pour m'embrasser. Je me souviens qu'il avait de grands pieds. Il était pire que laid, de taille moyenne et d'une intelligence très supérieure. A mon égard, il a toujours été d'une extrême gentillesse. Toute sa vie, il a été content de me voir. Cela ne l'a pas empêché, quand j'ai eu douze ans, de tenter un petit coup avec moi. Un coup à la Gulbenkian. Il était un amateur d'art énorme, qui à vrai dire ne se considérait pas comme un client de mon père. Il se voyait plutôt comme son associé. Mon père ne lui achetait jamais rien. C'est lui qui achetait à mon père. Il était un très gros client. Mais il achetait aussi, parfois, *avec* mon père. Quand il y avait quelque bénéfice à faire sur des objets ou sur des tableaux, il y avait toujours du Gulbenkian dans l'air. Donc, à douze ans, j'ai eu droit à un joli travail d'approche. Il a attaqué comme ça : « Daniel, est-ce que tes parents te donnent de l'argent ? » Je lui ai répondu : « Ma grand-mère me donne de quoi jouer aux courses. Tout va très bien. » Je le revois me dire : « Je vais quand même te donner de l'argent. On ne sait pas... On ne sait jamais, Daniel... Dis-moi : tous les midi, tu déjeunes bien à la même table que ton grand-père et ton père, n'est-ce pas ? La seule chose que je te demande... » Il fallait oser me demander ce qu'il allait me demander. Il a osé : « ... la seule chose, tu vois, c'est de me rapporter tout ce qu'ils se disent à table. » Il voulait savoir ce qu'on achetait. A qui. A quel prix. Il voulait avoir son espion dans la place. Il avait pensé à moi. Je lui ai balbutié : « Non, non... Non, non... Je ne le ferai pas. » Le plus beau, c'est qu'il a aussitôt enchaîné : « ... c'est très bien, Daniel. C'était pour te tester, te mettre à l'épreuve. Tu es un bon garçon. »

Andrew Mellon, lui, était un grand banquier, dont je n'ai connu que le fils, Paul. A cette époque-là, aux Etats-Unis, si vous étiez secrétaire au Trésor — c'est-à-dire ministre des Finances — et que vous ne faisiez pas une fortune pyramidale, vous passiez pour un sacré corniaud. Pour gagner le plus possible, il fallait être à ce poste, comme Mellon l'a été, pendant plus de dix ans. Il savait quand la Bourse allait monter ou descendre. C'est lui qui la faisait monter, et c'est lui qui la faisait descendre... Il a donc fait une fortune pyramidale. Mellon avait une vraie passion pour l'art, et il était très généreux. Les Mellon ont toujours été très généreux. Pas qu'en Amérique. En France aussi. Vous me direz qu'ils avaient les moyens de l'être, certes... Mais ils l'ont été. Et Mellon a voulu laisser quelque chose derrière lui. Ce sera la National Gallery, à Washington, qu'il a financé à 100 pour 100, et pour laquelle il laissera tous les tableaux qu'il possédait. Et il en possédait. C'était un gros client des grands marchands de New York. Un client de Duveen, de Kleinberger, de Knoedler, de Wildenstein. C'est à travers notre maison new-yorkaise qu'il avait chargé mon père de négocier pour lui tout ce qui était susceptible de l'intéresser à Leningrad. Il avait les listes. Nous les avions tous. Les tableaux de l'Ermitage, nous les connaissions par cœur. Pareil pour Gulbenkian. Il avait indiqué à mon père ce qu'il voulait, car il était hors de question pour Gulbenkian d'aller en Union soviétique. Il était sûr qu'on allait le tuer, là-bas.

Ce voyage à Leningrad a failli nous faire culbuter...

La crise de 1929

Une catastrophe. L'affaire du siècle a été la catastrophe absolue. Aussitôt après, la crise de 1929 a éclaté. Ce sera un désastre sans nom. Un spectacle affolant. Pour se faire une idée, ces tableaux de l'Ermitage, il nous faudra les vendre à 20 pour 100 du prix qu'on les avait payés.

Pour la première fois, je voyais mon grand-père pleurer. Pleurer en silence. Pleurer sans un mot.

Il n'y avait pas que les marchands qui pleuraient. Il y avait les clients. Il y avait *nos* clients. C'était déjà l'apocalypse pour nous, alors pour eux... Ils nous devaient des sommes énormes, en Amérique. Quand on vend des tableaux, les clients ne paient pas tout de suite. Ils paient à six mois, à un an. Eh bien, là, nos clients se jetaient par la fenêtre. Ils n'avaient plus rien. Ruinés. Et les tableaux qui nous revenaient... Pas tous, d'ailleurs. Il y en a qui avaient été mis sous séquestre, on les vendait aux enchères à vil prix, et nous ne pouvions même pas les récupérer. La débandade était totale en Amérique. Ici aussi. Avant que ça ne dégénère, nous devions acquérir la maison d'à côté. La même que la nôtre. C'était l'hôtel de Pajou, un des grands sculpteurs du XVIIIe siècle. Nous ne l'avons pas acheté. Il a été démoli.

Au quotidien, si nous avons continué à vivre comme nous vivions auparavant, nous n'étions pas fiers. Mon grand-père répétait une phrase que j'ai entendue dès ma naissance : « Les frais généraux ont tout mangé. »

En vérité, il se moquait bien de l'argent. Il voyait partir son stock. Il savait qu'il ne le reverrait jamais. Il avait tellement de chagrin.... Avant la crise de 1929, le stock regroupait 3 000 tableaux dont 500 chefs-d'œuvre. De 500, le chiffre tombera à 150. Puis à 50... Nous avions la corde au cou. Nous étions pendus. Nous bradions les merveilles.

Mon grand-père approchait de la mort. Il fallait que l'affaire continue de tourner. Il fallait vivre. Mon père a joué un rôle capital. Il ne s'est pas affolé. S'il était soucieux, il a tout fait pour ne pas le montrer. Au contraire, il disait : « Il faut aller de l'avant ! » Il a été très combatif. Mon père avait remarqué que les choses allaient plutôt moins mal en Angleterre. Nous avions une maison, à Londres, qui était en sommeil. Elle vivotait. Pour la diriger, papa avait un lord anglais, Sir Robert Abdy. Cet homme avait lui-même des collections extraordinaires. Abdy était un ancien client de grand-père, à qui Nathan avait appris les rudiments du métier. Cela amusait Abdy. Il avait ouvert notre maison dans un endroit qui s'appelle Carlos Place. Il y vendait bien quelques tableaux, mais la situation était à l'urgence... Mon père a réactivé cette maison et il a engagé Roger Dequoy.

Dequoy était le Français typique de l'époque. Il avait un faux air de Maurice Chevalier, avec la moustache en plus. Il était grand, très gai et avant tout très gentil. Il avait beaucoup de charme. Il approchait de la quarantaine... Comme marchand, il avait une réputation épouvantable et justifiée... Une réputation de faussaire. Tout le monde en disait du mal sur la place. D'abord parce qu'il *fabriquait*. Dequoy m'a dit un jour : « Je faisais copier un objet à douze exemplaires. Au bout du compte, je ne savais plus lequel était le bon. » Il trafiquait également les bustes anciens. Il maquillait les bustes d'hommes en bustes de femmes. Un buste d'homme, ça ne se vend pas. Mais un buste de femme, oui. Il prenait de beaux bustes d'hommes signés au dos : des bustes en marbre de Pajou, Houdon, Coysevox. Il employait un génie qui retaillait les cheveux, la gorge, le visage, et à l'arrivée, Dequoy avait un magnifique buste de femme signé Coysevox !

Mme Dequoy mère a été la meilleure intermédiaire que nous ayons jamais eue. Elle démarchait les tableaux chez les aristocrates. C'était une vieille amie de mes grands-parents. Tous les après-midi, elle venait goûter avec Amère. Le thé et les gâteaux. Elle était là, ici même, je la revois avec sa petite chienne Timi, qui se gavait de sucre et qui était grosse comme un éléphant. Un jour, mon père lui a dit : « A Londres, cela ne va pas du tout. Votre fils est-il prêt à partir pour l'Angleterre ? »

Ce soir-là, ma grand-mère a explosé : « Mais tu es fou ! C'est un voyou ! Tu as tort ! » Papa lui a répondu : « Il est le type même du Français qui plaira aux Anglo-Saxons. » Dequoy avait du bagout. Il était drôle. Il parlait très bien l'anglais, avec la gouaille d'un titi parisien... Dans la foulée, mon père a déménagé notre galerie londonienne. Il a pris le 147 New Bond Street. C'était l'ancienne demeure de l'amiral Nelson. Il y avait encore la plaque. Rien qu'à l'idée d'occuper la maison du salaud qui nous avait dérouillés à Trafalgar, papa jubilait : « C'est la revanche ! » disait-il. Il l'a louée pour cinquante ans et il y a installé Roger Dequoy comme directeur. Là-bas, Dequoy a été formidable. Une réussite totale. Il s'est révélé un vendeur exceptionnel.

En France, pendant cette période, nous n'achèterons que pour Londres et les Anglais — essentiellement des impressionnistes. A partir de 1933, la maison a recommencé à faire quelques affaires. En 1935, ça repartait en Amérique. L'année d'après, tout remarchait. Vers 1937, mon père avait rétabli le stock et rééquilibré à 75 pour 100 la colonne des chefs-d'œuvre...

Un amateur à Hollywood

A cette époque, à Paris, un visiteur débarquant d'Amérique a poussé la grille de la maison. Il s'est présenté : Edward G. Robinson. Il venait de tourner dans *Toute la ville en parle* de John Ford. Un gros succès. Il a dit à mon père : « Ne vous méprenez pas. Je ne suis pas un *tycoon* du cinéma. Je suis né pauvre et roumain. Je me suis retrouvé à Hollywood au bon moment. J'ai gagné un peu d'argent. Je fréquente les musées depuis toujours. Et j'ai 200 000 dollars à dépenser... » Une somme *énorme* !

Mon père venait d'acheter une collection entière à un Allemand de Dresde. La collection Oscar Schmitz. Des tableaux très importants — en majorité des impressionnistes — qui étaient accrochés là-haut, dans la galerie, au premier étage. Nous sommes montés pour lui montrer « Schmitz ». Mon père ne lui a donné aucun conseil. Aucun. Il lui a simplement dit : « Tous les tableaux de cette collection sont de premier ordre. » Robinson les a regardés avec beaucoup d'attention. Il a fait son choix lui-même. Il s'est d'abord arrêté sur la *Pendule noire* de Cézanne. Pour se faire une idée, ce tableau, qui valait alors 35 000 dollars, vaut aujourd'hui 25 millions de dollars. Il a également choisi un portrait de *Madame Cézanne*. Deux Gauguin : des *Fleurs* merveilleuses et *Les Chevaux sur la plage*. Il a pris un Berthe Morisot très joli. Il a pris un Seurat à tomber. Et puis un *Hussard à cheval* de Géricault. Au total, il en a sélectionné une quinzaine. Il a demandé : « Et ça nous fait combien, tout ça ? » Mon père s'est livré à un calcul. Mon père n'a jamais su faire une addition. Il a néanmoins donné un chiffre. Robinson a fait son chèque. Il est parti. Papa était très content. Il m'a dit : « Recalcule quand même. » J'ai recalculé. Comme prévu, il avait tout faux. Je lui ai annoncé la couleur : « C'était beaucoup plus que ça. » Il est devenu blanc. Il m'a dit : « C'est épouvantable. Il faut que tu ailles à son hôtel. Que tu lui rendes son chèque et que tu lui expliques... » Inutile de préciser que ce genre de mission ne m'enchantait guère.

Je suis allé au George V, où Robinson était descendu. J'ai frappé à la porte de sa chambre. Il m'a ouvert. J'étais un peu impressionné. Il avait fini par ressembler aux gangsters qu'il avait l'habitude d'incarner à l'écran. Je lui ai raconté ce qui m'amenait. Il m'a dit : « Je vous attendais. » Il a refait son chèque en riant. « J'ai bien vu que votre père n'était pas doué en calcul... » A partir de cet instant, Edward G. Robinson m'a littéralement adopté... Par la suite, c'est lui qui va m'introduire à Hollywood. C'est lui qui va me présenter aux metteurs en scène, aux acteurs, aux producteurs. C'est même lui qui va m'héberger là-bas... Le vieil Edward a été un vrai parrain pour moi. Un parrain formidable. Et les clients, c'est également lui qui les faisait. Le tout Hollywood regardait Robinson avec respect, et ses toiles avec envie. Parce qu'il avait du goût, cet homme-là. Il est devenu le conseiller des uns et des autres. Son conseil tenait en trois mots : « Allez voir Daniel ! » Il fera même venir Samuel Goldwyn à New York. Goldwyn en personne. Le G de la MGM. Robinson les prendra par la main, lui et son épouse, et il me les amènera jusqu'à la galerie. Ce n'était pas un grand bavard, ce Goldwyn. Sa femme, elle, était très rieuse et d'une intelligence vive. Ils ont acheté une dizaine de tableaux, dont le fameux *Jeanne Avril dansant* par Toulouse-Lautrec. C'est une toile que mon père, entre 1918 et 1955, aura acheté, vendu, racheté et revendu à cinq reprises. Goldwyn m'a juste dit qu'il aimait beaucoup Toulouse-Lautrec. Peut-être bien qu'il aimait surtout *Moulin-Rouge*, le film de John Huston.

Après son voyage en France, Robinson va continuer de tourner des films et d'acheter des tableaux. Au total, il en a acquis pour à peu près 500 000 dollars. On peut dire qu'il a fait sa collection à 98 pour 100 chez nous.

Dans les années 1950, je l'ai vu débarquer très pâle à la galerie. Il m'a dit : « C'est la catastrophe. Je dois tout vendre. » Il était marié à une actrice, Gladys Lloyd, qui avait demandé le divorce. La collection faisait l'objet d'un litige inextricable. Comme on n'allait pas scier les toiles en deux, les avocats de madame avaient exigé qu'il vende tout. Une soixantaine de tableaux. Je lui ai demandé : « Et combien il t'en faut ? » Il avait fait son évaluation : deux millions et demi de dollars. Comme le stipulait la cour de Californie, seul un marchand américain était habilité à vendre la collection. C'est Knoedler, la grande maison new-yorkaise, qui s'en est chargée en allant trouver Niarchos...

Un peu avant, en 1956, nous avions fait une affaire avec lui. Une seule. Nous avions un Greco magnifique, quoique pas très gai, que mon père venait d'acheter à une comtesse de La Béraudière. Une descente de croix. La *Pietà* du Greco. Le plus beau Greco qu'on ait jamais eu. A dire vrai, on ne savait pas trop à qui le proposer. A New York, un de nos vendeurs a eu une espèce d'illumination : « Un Greco, c'est fait pour un Grec ! » Nous avons approché Niarchos. Il est venu à la galerie. Il est resté dix minutes. Il a regardé le Greco et il est reparti sans un mot. On s'est dit : « C'est raté. » Une semaine plus tard, le téléphone a sonné et j'ai eu Niarchos au bout du fil. « Combien, le tableau ? » Je me suis dit : « Tiens, c'est meilleur. » Mon père avait payé la *Pietà* 100 millions de centimes. Je lui ai donné le prix. L'équivalent en dollars de 120 millions de centimes. Il est alors revenu à la galerie, et il l'a pris. Niarchos achetait un tableau pour la première fois de sa vie. Pour lui, 120 millions ou rien, c'était la même chose. Il a sorti les liasses. Il m'a dit en riant : « J'ai toujours 10 millions de dollars en liquide, jamais très loin de ma main. » Un authentique maharadjah... C'est un peu comme si, aujourd'hui, un type vous annonçait qu'il a 2 milliards de dollars en petites coupures dans sa valise... En partant, Niarchos m'a lancé : « Si vous voyez passer quelque chose d'extraordinaire, n'hésitez pas, appelez-moi. » J'ai vu passer un Rembrandt extraordinaire. Je n'ai pas hésité. Je l'ai appelé. Le Rembrandt ne l'a pas intéressé. La conclusion s'imposait : « C'est juste un Grec pour un Greco ! » Et pourtant...

A New York, la maison Knoedler a contacté Niarchos. Il est venu à la galerie. Il a passé les tableaux de Robinson en revue. Il a dit : « Je les prends. » Et il les a payés comme si c'étaient deux francs vingt-cinq. Il faut savoir que la collection Robinson sera la base, le joyau, le cœur même de la collection Niarchos. Par la suite, il achètera des toiles à 20 millions de dollars. Mais jamais rien de comparable aux tableaux de Robinson. Rien de supérieur, en tout cas. A la mort de Niarchos, j'ai fait l'estimation de sa collection. Mal vendue, la seule « collection Robinson » valait 500 millions de dollars. Bien vendue, 600 millions de dollars. Comme quoi : il n'y avait pas trop d'erreurs, là-dedans. Et le vieil Edward le savait. Il l'a toujours su.

Du jour au lendemain, avec la moitié des deux millions et demi de dollars qui lui revenait, il s'est précipité à New York. Et il a racheté. Il a remis en jeu la totalité de la somme. Il n'avait pas changé. Il avait juste sa petite barbe en plus. Il n'était pas même amer. Il s'est plié en quatre quand je lui ai sorti le mot d'Yves Mirande : « Il y a des gars qui bouffent de la vache enragée. Moi, je l'ai épousée ! » Et le grandiose, c'est que son ex-femme, à son tour, est venue me voir. Elle m'a demandé : « Dites, comment on fait une collection ? Comment *il* a fait ? » Et nous en sommes restés là.

Edward G. Robinson, lui, restera fidèle aux impressionnistes. Les prix n'étaient plus les mêmes. Il choisissait des choses plus modestes, mais pleines de qualités. Il achetait bien. Il achetait de merveilleux petits Degas, de très belles aquarelles de Cézanne. Son fils était mort d'une overdose. L'art était devenu sa seule raison de vivre. Je me souviens l'avoir vu passer à la télévision au jeu « *Sixty Four Thousand Dollar Question* ». Le questionnaire portait sur la peinture. Il répondait à tout. Il savait tout.

Jusqu'au bout, le vieil Edward nous a manifesté sa reconnaissance avec une réelle tendresse. Il aimait à évoquer son voyage en France et ce beau jour où il avait passé la grille de la maison... « Est-ce que tu te souviens, Daniel, du jour où... » Et il concluait toujours ainsi : « J'ai eu de la chance. Vous étiez les premiers chez qui j'entrais. »

C'est quelqu'un qui aura beaucoup compté dans ma vie...

Wildenstein vs *Wildenstein*

Le 24 avril 1934. La mort de Toto. Depuis une année, déjà, mon grand-père ne déjeunait plus avec nous. Il est mort ici, là-haut, dans sa chambre. Ce fut vraiment affreux... Je suis le dernier à qui il a parlé. Ses mots ultimes ont été pour moi. Ces mots, aujourd'hui, prennent une résonance et une intensité dramatiques... Il m'a juste dit : « Honore ton père et ta mère. » J'avais alors dix-sept ans. Je ne m'entendais pas du tout avec mes parents. Il le savait. Mais pouvait-il me dire ça sans se le dire à lui-même ? A l'heure de sa mort, était-il en train de pardonner à ses parents ? Est-ce aussi la preuve que son terrible secret l'aura ravagé ? Je n'en sais rien. Cela restera un mystère. Mon grand-père a emporté sa tragédie dans la tombe...

Et juste après, ma grand-mère l'a suivi...

Mon père a été assommé par la mort de sa mère. Sa sœur Elisabeth a choisi ce moment pour l'attaquer en justice. Elle lui a alors réclamé la moitié du stock. En clair, cela signifiait l'arrêt de mort de la maison Wildenstein. Mon père a eu envie de la tuer, et j'avoue que je le comprends un peu. Ma tante s'était mariée à un paresseux, un type qui s'appelait Paraf. Ils ont eu deux filles, très laides, pas méchantes, qui elles-mêmes n'auront pas d'enfant. Nous les verrons très peu. Ils venaient parfois déjeuner ici le dimanche. Une des deux filles a épousé un Suisse qui avait des grands magasins ; l'autre, un peintre surréaliste assez considéré, Kurt Seligmann, avec lequel elle partira s'installer en Amérique.

A la différence de mon père, ma tante n'a pas travaillé une seconde de sa vie avec ses parents. Elle n'a d'ailleurs jamais travaillé du tout. Mais elle avait des tableaux, de très beaux tableaux que mes grands-parents lui avaient donnés. Elle avait déjà hérité de sa part, de leur vivant. Elle avait déjà « vu » la moitié de Paris. Paris signifiait 80 pour 100 du stock. Il est vrai qu'elle n'avait rien « vu » sur le stock de New York. Mais, là, elle réclamait carrément la moitié de tout. Il ne fallait peut-être pas trop pousser... Elle a ouvert une galerie rue de Berri : la galerie Elisabeth Wildenstein. Elle avait de quoi. Elle l'a fait uniquement pour embêter mon père, et il a été traumatisé par cette histoire. Pour la maison, lui, il aura payé de sa personne. C'est le moins qu'on puisse dire : papa venait à peine de surmonter la glissade de 1929 ; il se battait comme un diable ; il était en pleine reconstitution du stock ; et il venait avant tout d'enterrer sa mère... Là-dessus, sa propre sœur qui lui colle un procès... Un procès qui va durer quatorze ans ! Au bout du compte, ma tante se lassera de ses procédures. Mon père lui donnera quelques tableaux. Et tout rentrera dans l'ordre.

Pourquoi mon père a-t-il acheté ça ?

Je venais de perdre les deux personnes que j'aimais le plus au monde. Sans mon grand-père et ma grand-mère, une partie de ma vie s'arrêtait. J'étais malheureux. J'étais ombrageux. Il va de soi que je ne fichais rien en classe.

Wildensteinus recalatus necesse est. Wildenstein doit être recalé. C'est ce que chantait mon professeur de latin. J'avais un livret scolaire remarquable. Le directeur de l'école avait écrit : « Devrait se présenter dans une forme physique éblouissante. N'a rien fait de toute l'année. » Le jour où j'ai annoncé à mon père que je venais d'être reçu à la première partie du bac, j'ai été accueilli par un bloc de glace. « Parce qu'il aurait pu en être autrement ? » Toujours le mot doux... Ce succès relevait pourtant d'un miracle authentique. J'étais nul. L'année suivante, ayant été naturellement recalé à la seconde partie, j'ai passé mon été dans une boîte à bachot. Le cours Chauvot. Je m'y suis fait un ami pour toujours : Christian de Galéa. L'héritier de Vollard.

À cette époque, je sortais presque tous les soirs. Je ne menais pas la vie qu'aurait souhaitée mon père. C'est clair : je faisais tout pour l'emmerder. Je faisais sans arrêt la java. Les Bugatti, les filles et les boîtes de nuit... La plus chic, c'était le Florence, rue Blanche. Mais tout, ou presque, se passait à Montmartre. J'y allais avec des demi-voyous que je n'aurais pas aimé voir tourner autour de mes enfants. Nous étions tous d'une de ces élégances... J'étais habillé par le tailleur de mon grand-père, un type qui s'appelait Boegler, et qui a disparu de la circulation... Nous allions également voir les opérettes de Maurice Yvain, de Reynaldo Hahn. Nous allions applaudir Maurice Chevalier aux Folies-Bergère. Nous allions rire avec Dranem aux Nouveautés. Et puis le jazz... J'étais un malade de jazz. Les orchestres américains, je les écoutais sur mon phonographe. Les Américains n'étaient pas encore à Paris. Ce sera plus tard. Mais il y avait alors un Anglais sensationnel : Jack Hilton. Jack Hilton et son Grand Orchestre. Il passait au Théâtre des Champs-Elysées. Il avait même donné un gala à l'Opéra. Du jazz à l'Opéra. Smoking et nœud papillon. Tout le monde était en habit. Je peux vous en parler : j'y étais.

Je rentrais à trois heures, à quatre heures du matin. A huit heures, j'étais là, dans le bureau de la secrétaire. Je lisais tout ce qui passait. Les lettres. Les catalogues. Je ne le faisais pas pour être agréable à mon père. Je le faisais simplement pour moi. Dans mon petit coin. Tout seul. Avec les moyens du bord. Mais il n'entrait pas un tableau ici sans que je n'aille le voir. Pour l'étudier. Pour me poser la seule vraie question : pourquoi papa a-t-il acheté ça ? Parfois la réponse restait en suspens. Quand on apprend à marcher, c'est toujours mieux s'il y a quelqu'un derrière vous. Hélas, là, ce n'était pas possible. Avec mon père, on ne s'est jamais battus. Mais engueulés, ça, oui. Et même souvent. J'y allais. Je hurlais : « Si tu ne veux pas admettre que je ne suis pas comme toi, alors va te faire foutre ! » Je ne suis pas comme lui. Je n'ai pas des millions de gravures logées au fond de ma tête. Moi, si je me pose une question sur Fra Angelico, je plonge dans les cinq volumes. C'est tout. Et je ne m'en porte pas plus mal. Mais, à l'époque, j'étais nerveux. J'étais révolté en permanence. Et ma mère s'en mêlait. Elle disait à papa : « C'est ta faute ! Tu ne lui expliques rien ! » Elle prenait la défense du petit... Il y avait des moments où je n'en pouvais plus. Je quittais la maison. Je fuguais. Je revenais dix jours plus tard et là... Je retrouvais un père différent. Un être humain. Un père sensible et doux. Un père à l'écoute. Comme si la peur de me perdre avait chassé un instant ses névroses. Et ça recommençait.

Georges Wildenstein et les surréalistes

Mon père avait failli acquérir un quotidien culturel qui s'appelait *Comœdia*. La presse et l'édition l'intéressaient de plus en plus, et les affaires de moins en moins. Il avait lancé *Beaux-Arts* en 1930. Et il avait donc racheté, en 1928, *La Gazette des Beaux-Arts* à Théodore Reinach. Ce Reinach était un homme que mon père admirait. Membre de l'Institut. Il savait tout. Il savait même l'araméen. Il avait d'ailleurs une chaire au Collège de France. Quand il y donnait ses cours, il demandait à son chauffeur de venir dans la salle, car il n'avait pas un auditeur... Pas un seul élève. Mon père était très fier que Reinach lui ait vendu *La Gazette*. Pour le commerçant qu'il était, c'était la Légion d'honneur. Pour lui, cette revue sera sacrée. Elle va tirer à 4 000 exemplaires. Mon père, qui pouvait être retors par ailleurs, a toujours veillé à ne jamais publier la moindre photo d'une œuvre susceptible de finir sur le marché. Jamais, jamais, jamais... Il y mettait son point d'honneur — et j'ai continué. Cette *Gazette* ne devait pas être l'instrument d'un marchand. Ce n'était pas une arme pour le servir. C'était un lieu où l'on abordait les questions de fond sur l'art, et on les illustrait avec des gravures originales et des reproductions de musées. *La Gazette* était son enfant. Je crois, et j'en suis même certain, qu'il l'aimait plus que ses propres enfants.

Dès 1930, il s'était intéressé aux surréalistes, et ce n'est vraiment pas une surprise. Mon père était toujours le même homme : un intellectuel au contact des mouvements artistiques, des courants d'idées. C'était peut-être aussi une façon pour lui de supporter l'horrible crise de 1929... Au départ, les surréalistes étaient des intellectuels et surtout des rigolos — même si, par la suite, certains se sont pris pour des surhommes... Mon père, qui n'aimait que les zinzins, aimait donc ce milieu. Il était très proche de Breton. Après la mort de mon grand-père, la petite bande viendra régulièrement déjeuner à la maison. Ils étaient tous là. Il y avait Georges Bataille, avec qui mon père fera des livres et des revues. Il y avait Marx Ernst, à qui il achètera des tableaux. Il y avait André Masson, Michel Leiris, et aussi le très drôle Marcel Duchamp, à qui il n'achètera ni ses *Pissotières* ni jamais rien : mon père ne faisait pas les meubles... Et puis il y avait Dali. Il y avait surtout Dali. Il était le préféré de papa. Ce sont Breton, Duchamp et Dali qui, très tôt, l'ont poussé à organiser la grande exposition surréaliste de 1938. Laquelle, je le rappelle, ne sera pas si facile que ça à visiter : on avait quand même des sacs de charbon sur la tête !... Ils ont juré à mon père : « Et après ça, on va se coucher. On meurt tous. On s'en fout. On aura dit ce qu'on avait à dire. » J'avais l'impression d'être à l'enterrement de Pinocchio. C'était magnifique ! Papa a donc fait tout ce qu'on lui demandait, tout ce qu'ils voulaient. J'ai assisté à l'organisation. Cela a duré plus d'un an et demi. Mon père est même allé trouver Picasso. Il lui a dit : « Toi qui es le plus surréaliste de tous, il faut que tu nous fasses un tableau ! » Et il l'a fait. Du haut délire... L'exposition s'est tenue chez nous, au 140, faubourg Saint-Honoré, à la galerie des Beaux-Arts. C'est là que se trouve aujourd'hui notre bibliothèque. Cet immeuble communique avec la maison. A l'exposition, il y avait beaucoup de choses qui prenaient de la place. L'exposition se répandait jusqu'ici. Elle débordait ! Là, dehors, dans la cour, il y avait les fameux taxis avec l'eau qui montait dedans. Il y avait des sacs de charbon. Il y en avait partout. Il y avait de ces trucs... C'était à mourir de rire. Heureusement que mon grand-père n'a pas vu ça, il serait peut-être tombé raide... Encore que. Pas forcément. A la réflexion, je crois que ça l'aurait beaucoup amusé.

Mon père avait donc un gros faible pour Dali. Il était tout sauf fou, celui-là. Il était malin. Il avait déjà sa panoplie. Il jouait déjà son rôle devant le public. Le rôle du fou. Pour l'aider, papa lui achetait des tableaux. Il s'est toujours occupé de lui. Mon père était en quelque sorte son directeur artistique. C'est lui qui l'a envoyé à Julien Levy, le grand marchand d'art moderne de New York. En 1941, Julien Levy fera faire à Dali sa première exposition en Amérique. A cette époque, Dali avait beaucoup de mal à s'en sortir. Il essayait d'obtenir des commandes, des portraits, mais ça ne marchait pas fort. Mon père va le convoquer et lui dire : « Cela ne va pas. Il faut que tu fasses un numéro. Il faut que tu te fasses *vraiment* remarquer. Fais un coup d'éclat ! » Ayant été invité chez les Whitney — de grands collectionneurs qui comptaient parmi les gens les plus snobs d'Amérique —, Dali y arrivera en pyjama, avec une chèvre, après avoir jeté une énorme pierre dans la vitrine de Tiffany's. Voilà. C'était le coup d'éclat. Et ça a marché. Papa n'avait fait que donner la tendance. L'autre avait mis en forme. Parce que je vois mal mon père lui dire : « Mets ton plus beau pyjama. N'oublie pas ta chèvre. Ramasse un joli pavé bien lourd. Et quand tu te rendras chez les Whitney — c'est sur le chemin —, balance-moi ça dans la vitrine de Tiffany's !... »

La guerre

De la ligne Maginot à l'Amérique

J'ai traversé toute la guerre avec un tableau dans ma poche. Il m'a suivi jusqu'à New York. Il s'agissait d'un panneau de la taille d'une boîte de cigares : une petite chose de Seurat, qui représente une vespasienne. A l'âge de cinq ans, j'avais accompagné mon père chez Lucie Cousturier, peintre pointilliste et vieille amie de Seurat. Elle possédait *La Grande Jatte*, qui est aujourd'hui à Chicago. Nous étions allés chez elle pour voir cette merveilleuse *Grande Jatte*. Dans son appartement, la toile touchait le sol et le plafond. Mon père pouvait l'acheter. Il ne l'a pas fait et il a eu bien tort. Ce jour-là, Lucie Cousturier m'a dit : « Et le petit, qu'est-ce qui l'intéresse ? » Le petit a fait savoir que *La Vespasienne* lui plaisait bien. Ce fut mon premier achat.

Quand la guerre a éclaté, je me suis marié. Ensuite j'ai pris mon paquetage, mon Seurat et la direction de Bitche... La ligne Maginot... La Moselle... La forteresse se situait à l'est de la ville, à la sortie de Bitche. Il ne s'y passait rien. C'était la drôle de guerre. Nous étions là à attendre. Nous attendions quoi ? Rien... Nous étions comme des rats dans une crevasse. L'eau suintait le long des murs, coulait des plafonds... L'humidité...

Les cris... Les bagarres... Il y avait de quoi pleurer. Quand je touchais le fond, je sortais mon petit tableau de ma poche et je le regardais... Il me procurait du plaisir et beaucoup de réconfort.

Il m'a suivi au Val-de-Grâce, en avril 1940, où la tuberculose m'a envoyé. En juin, il m'a accompagné sur les routes d'Espagne, avec ma femme enceinte et mon chien Mandy. A l'entrée de Burgos, nous serons arrêtés par les miliciens espagnols. C'est le seul moment où le Seurat m'a quitté : j'ai juste eu le temps de le cacher sous le siège de la Simca bleue. Ils nous ont alors jetés en cellule. Le directeur de la prison m'avouera : « Les ordres viennent de Madrid et même directement de Franco. Votre père était un grand ami de la République espagnole, n'est-ce pas ? » Il faisait allusion au transfert rocambolesque des collections du Prado vers Genève. Un Comité international pour la sauvegarde des trésors espagnols s'était chargé de l'opération. Une liste des « membres » existait bel et bien, et Franco l'avait. Elle comprenait des conservateurs de musée, des artistes, des intellectuels. Le nom de mon père y figurait en bonne place, avec Picasso et toute la bande. Il y figurait même un peu plus que les autres : mon père était l'ami intime de Juan Negrin, ancien président du Conseil espagnol et chef du gouvernement républicain en exil.

Au bout de trois semaines, j'ai récupéré le tableau et la Simca. Un ordre est arrivé de nous reconduire en France, et de nous livrer aux Allemands.... A la frontière, un douanier français les a devancés. Avec un naturel confondant, il nous a fait passer pour des frontaliers et nous a sauvé la vie. Après la guerre, j'essayerai — en vain — de retrouver cet homme dont je n'oublierai jamais le visage...

J'ai retrouvé mes parents et ma petite sœur Miriam à Pau. Nous avons alors pris la route d'Aix-en-Provence pour arriver à l'hôtel du Roi René, je crois, vers le 25 juillet. L'hôtel grouillait d'Allemands. Il y avait là l'état-major de la Luftwaffe. Il y avait même le *feldmarschal* Milch, le bras droit de Goering. Leurs avions occupaient l'aéroport de Marignane.

Nous allons rester six mois à l'hôtel du Roi René.

Au début, à Aix, la vie était comme suspendue. L'intelligentsia française se retrouvait aux Deux Garçons, l'équivalent aixois des Deux Magots. Mon père y passait ses journées avec Paul Eluard. Tous les intellectuels communistes étaient là... Nous étions comme coupés du monde. Nous étions sur la Lune. Nous ne savions rien de ce qui se passait à Paris. Aucune nouvelle de la maison. Cet été-là, une seule information est parvenue jusqu'à nous : en juillet, Vichy nous a retiré la nationalité française. Une véritable insulte à mon grand-père. A un homme qui avait renoncé à sa propre famille pour l'amour de son pays... Quelle traîtrise !... Heureusement qu'il n'a pas vu ça ! Heureusement ! Moi, j'étais écœuré, mais j'avais surtout honte pour ces gens-là...

Nous ne savions pas que le pillage avait déjà commencé. A la fin du mois d'août, Roger Dequoy est arrivé à Aix. Il débarquait de New York. Après l'entrée en guerre de l'Angleterre, Dequoy était revenu à Paris pour dire à mon père : « A Londres, tout va s'arrêter. Pour les affaires, il vaudrait mieux que j'aille en Amérique. » Un an plus tard, il était de retour. Il a dit à mon père : « Je monte à Paris pour voir si on peut sauver quelque chose. » A partir de là, Dequoy a trouvé des passeurs pour le courrier et nous avons eu quelques nouvelles. Pas très agréables : « Vos tableaux sont à l'Orangerie... » Mais il faut relativiser : la catastrophe, la vraie, c'était celle de la France. Nous, en plus, nous avions un avantage énorme sur les autres : l'Amérique. A New York, nous avions la galerie.

Nos passeports ne valaient plus rien. Nous n'étions

plus des Français, et nous ne pouvions plus quitter le pays. Pour partir, il fallait des visas de sortie. Et les visas de sortie, c'était Vichy. Je suis allé à Vichy où j'avais rendez-vous avec quelqu'un que mon père avait dû voir deux fois dans sa vie. Il s'appelait Stora. Roger Stora. Il était le secrétaire de Pierre Laval depuis vingt ans. Il était aussi cousin par alliance de ma mère. Il était très exactement le cousin du mari d'une des sœurs de ma mère. Il m'a fait les papiers en dix minutes.

Nous avons quitté la France en janvier 1941. Mes parents et ma sœur n'avaient aucune toile avec eux. Il n'y avait que mon Seurat, qui n'a jamais quitté la poche de ma veste. Il m'a accompagné à Marseille, où ma femme a accouché de mon fils Alec. Il m'a suivi à Vichy. Il m'a suivi partout. A bord de L'*Amiral Guédon* pour rallier Alger. Dans un tortillard pour atteindre Casablanca. Nous étions interdits de séjour en Espagne, et Franco avait récupéré Tanger. Pour Lisbonne, nous n'avions pas le choix : il fallait passer par Tanger. A Casa, un ami de mon père nous a alors fourni des papiers de transit en nous bombardant envoyés spéciaux de son journal... Arrivés à Tanger, on ne s'est pas attardés à visiter la ville. On s'est précipités à l'aéroport où nous attendait une boîte de sardines volante. Un coucou à six places. Officiellement, nous sommes partis « faire un reportage » sur les collections des rois du Portugal...

Depuis New York, le cousin Félix nous avait réservé des places sur le *Siboney*, un bateau en partance de Lisbonne, qui ramenait les familles américaines au pays. Dans la tempête, le *Siboney* mettra vingt et un jours pour traverser l'Atlantique...

Nous allons passer le restant de la guerre à l'hôtel Pierre, avec nos valises et nos vieux passeports français à portée de la main. Mon père achètera une maison à Manhattan. Nous n'y habiterons pas. Papa répétait :

« Cela ne sert à rien. Autant rester à l'hôtel. Nous allons revenir chez nous d'une seconde à l'autre. »

La maison Wildenstein pendant la guerre

Que s'est-il vraiment passé chez nous, en France, sous l'Occupation ? A la sortie de la guerre, Raymond Rosenmark a interrogé les employés de la maison. Il était l'avocat de mon père. Etant juif, il avait dû quitter Paris à la fin de l'année 1941 pour se réfugier en zone libre ; il était rentré en septembre 1944. Il a également interrogé son associé, maître Mauguen, qui l'avait remplacé en son absence. A l'issue des procédures de restitution, Raymond Rosenmark a adressé une lettre de quatre pages à mon père. Avant de raconter ce que je sais, j'aimerais vous faire lire quelques passages de cette lettre. Cela donne déjà une première idée de ce qui s'est passé.

Dès le 25 juin 1940, par une mesure tout à fait exceptionnelle, les Allemands sont venus dans vos galeries et ont constaté que les plus belles toiles, dont ils savaient votre société propriétaire, ne s'y trouvaient point. Une nouvelle visite domiciliaire eut lieu le 25 juillet, sur quoi, les Allemands renseignés sur les mesures de précaution que vous aviez prises, se sont rendus à Moire (Sarthe) le 2 août 1940 et se sont emparés de trente-huit tableaux. Votre société en a été avisée par une lettre du 8 juillet 1941, du Directeur des Musées Nationaux. Ce même mois, le 25, la même opération est faite à Igny dans votre propriété personnelle, et le commissaire de police communique une liste de trente tableaux qui y ont été enlevés.

Le 30 octobre 1940, les Allemands enlèvent tous les

tableaux que vous aviez placés dans une chambre forte à la Banque de France dès le mois de novembre 1939.

Il convient de préciser qu'il s'agit là de trois véritables pillages constituant des mesures individuelles à votre égard et qui ne rentrent nullement dans les mesures d'ordre général ordonnées contre les entreprises juives.

Igny, c'est le château de Marienthal. Il a été construit au XIXe siècle par un dénommé Mouton : un fabricant de cuisinières, qui était gros et qui souffrait de la chaleur. Il avait donc fait creuser une grotte artificielle sous la maison : cette grotte part de la salle de billard et ressort dans le jardin sur des fontaines, qui cascadent jusqu'au bas d'une colline. En mai 1940, avant de quitter Igny, nous avions étayé la grotte sur cinquante mètres pour y cacher des tableaux. Les Allemands les ont trouvés et les ont emportés. Mais il y a une chose incroyable. Nous avions abandonné les tableaux qui étaient sur les murs. Des chefs-d'œuvre. Nous vivions avec. Les Allemands ne les ont pas touchés. Ils ont cru que ce qui n'était pas caché n'avait aucune espèce de valeur. Il y avait aussi des meubles de collection. Les troupes du génie allemand ont fait du feu avec.

A la Banque de France, mon père avait mis le maximum de choses à l'abri. Des centaines de tableaux. Des sculptures. Des manuscrits médiévaux. Des monnaies anciennes. Il avait entreposé les pièces de grande qualité. Les Allemands ont tout enlevé. Ils ont établi des listes de ce qu'ils emportaient. Ils ont convoqué M. Mollard, notre comptable. Ils lui ont fait contresigner les listes et lui ont donné des copies de tout ! Ils l'ont fait à l'allemande...

En ce qui vous concerne, vous aviez quitté Paris fin mai — si j'ai bonne mémoire — et vous n'aviez pris aucune disposition pour gérer la maison en votre absence. Vous n'en aviez pas pris davantage après l'armistice, n'ayant donné à qui que ce soit un pouvoir quelconque.

Vers la fin août, M. Dequoy, Directeur de la Maison Wildenstein de Londres, qui se trouvait en Amérique, revint en France et accepta de défendre les intérêts de M. Wildenstein à Paris pour la durée de l'occupation. Il fut décidé qu'il agirait en gérant d'affaires, c'est-à-dire sans aucun pouvoir de M. Wildenstein, et sous sa propre responsabilité.

Mon père n'avait pas donné de pouvoir à Roger Dequoy pour une raison évidente : Dequoy avait quand même un petit passé. En 1930, je me répète, il *fabriquait* des bustes anciens et il maquillait les bustes d'hommes en bustes de femmes... Il n'était donc que gérant d'affaires. Qu'est-ce qu'un gérant d'affaires ? C'est un vérificateur. C'est celui qui vérifie les prix auxquels les toiles et les objets sont vendus, et que l'argent est bien rentré.

La société ne pouvant rester sans représentant qualifié, je vous ai conseillé de faire nommer par le Président du Tribunal de Commerce un administrateur provisoire. Le Tribunal de Commerce, par ordonnance du 2 novembre 1940, désignait à cet effet M. Germain. Cette désignation ne put éviter l'application des ordonnances allemandes concernant les entreprises juives et, dès le 5 février 1941, par application de l'ordonnance du 18 octobre 1940, le Préfet de Police désigna comme commissaire gérant M. Gras.

M. Gras ne parut pas offrir aux Allemands des garanties suffisantes et il fut remplacé, dès le mois d'avril 1942, par un nouveau commissaire gérant, M. Jacques Bruyer.

En novembre 1942, par une mesure exceptionnelle et

dont il n'y a, pour ainsi dire, pas d'exemple en ce qui concerne une maison de commerce, les Allemands désignèrent un super-commissaire comme contrôleur, en la personne, cette fois, d'un Allemand : le Docteur H. Buwert.

En clair, ce Buwert était là pour accélérer la liquidation. Sur la fin de la guerre, c'est lui qui vendra notre bibliothèque à un Allemand. Cette bibliothèque sera sauvée in extremis par la Libération.

Dès 1941, M. Dequoy, conformément aux conseils que je lui avais donnés, avait tenté d'aryaniser votre affaire pour la faire échapper à la liquidation qui était l'objet même de la mission de commissaire gérant.

Plusieurs actes juridiques comportant la cession de parts vous appartenant furent établis à cet effet. Ces opérations avaient lieu avec le concours de maître Bucaille votre notaire, de M. Bourgeois Président de la Chambre des Avoués, et de mon collaborateur maître Mauguen. Je rappelle, en passant, qu'ils ont fait montre, tous trois, sous l'occupation, d'un patriotisme et d'un courage indéniables. Tous trois, d'ailleurs, ont reconnu les efforts faits par M. Dequoy pour sauver le patrimoine de votre société.

Malgré les efforts de juristes aussi éminents, jamais il ne fut possible d'obtenir des Allemands l'homologation des actes destinés à aryaniser votre affaire.

Finalement, le commissaire gérant M. Bruyer consentit à une société créée à cet effet par les Allemands, à louer la totalité de votre fonds de commerce, avec promesse de vente. Cette location-vente, qui constituait une spoliation, a été annulée par ordonnance du 7 janvier 1947.

A compter de cette location-vente, à l'exception de

notre comptable M. Mollard, ni Dequoy ni aucun employé ne pourra plus pénétrer dans cette maison jusqu'à la fin de la guerre.

Il faut remarquer qu'à partir de la nomination d'un administrateur par Vichy, c'est-à-dire le 5 février 1941, la société était entièrement dessaisie et que M. Dequoy n'agissait plus que comme subordonné du commissaire gérant. C'est donc le commissaire gérant seul qui procédait aux ventes — fort peu importantes, d'ailleurs — qui ont pu être conclues par votre société pendant l'occupation. La maison restant obligatoirement ouverte, il était même difficile de refuser de vendre les tableaux qui étaient exposés. Il faut relever, à cet égard, que lors de la récupération d'un certain nombre de tableaux vendus en Allemagne, la Commission de Récupération chercha à vous créer des difficultés qui avaient, en réalité, pour objet de permettre à l'Etat de s'emparer des tableaux en ne vous remboursant que le prix payé lors de leur vente, c'est-à-dire dans des conditions dérisoires.

Le Président du Tribunal, statuant en matière de spoliation, puis la Cour d'Appel de Paris, rejetèrent toutes les prétentions de la Commission de Récupération ainsi que du Ministère de l'Education Nationale. Cet arrêt, confirmant l'ordonnance de Première Instance, constata que toutes les ventes avaient été faites par le commissaire gérant, et ordonna la restitution à la société Wildenstein de tous les tableaux récupérés en Allemagne.

Je tiens enfin à ajouter mon témoignage personnel. Je considère que peu d'entreprises, en laissant de côté bien entendu celles travaillant pour l'armée, ont été à ce point l'objet de mesures de rigueur de la part des Allemands.

Les Allemands achetaient les tableaux avec l'argent volé à la France, et « *à des prix tellement bas que les ventes ne pouvaient pas être réputées comme ayant un caractère commercial* ». Mais l'administrateur de Vichy, lui, était ravi de vendre ces tableaux. Il liquidait pour payer les salaires, c'est-à-dire surtout le sien !

Les nazis ont très vite occupé les bureaux vides de la maison. Tous les grands voleurs étaient là. Les agents de l'ERR[1]. Bruno Lohse, le conservateur de Goering. Karl Haberstock, le marchand attitré du Dr Posse[2]. Il y en avait sûrement d'autres encore...

Nous avions laissé des tableaux, ici. Une partie du stock était toujours sur place. Comme le souligne Rosenmark, il y a eu très peu de ventes. Pourquoi ? Pour une raison simple : l'essentiel des chefs-d'œuvre avait déjà été volé. Par ailleurs, Roger Dequoy a essayé de limiter les dégâts en s'appuyant sur Haberstock. Je dis bien *essayé*. En effet, nous avions aussi des toiles magnifiques entreposées avec les collections du Louvre, au château de Sourches. L'ERR s'apprêtait à les prendre, mais elles ont été soustraites par Haberstock, qui ne s'est d'ailleurs pas gêné : au passage, il s'est plus que servi... Haberstock et Dequoy se connaissaient depuis les années 1930. Dans la discrétion, ce marchand allemand avait monté une affaire à Londres. Dequoy, qui y dirigeait notre maison, lui avait alors donné un coup de main. A cette époque, Haberstock lui avait confié les titres de sa société et quelques papiers... Donc, Dequoy le tenait. Il le tenait vraiment. Et il l'a fait chanter, tout nazi qu'il était. Il avait de quoi le faire fusiller par les Allemands. C'est comme ça qu'il a tenté de préserver une toute petite partie du stock : ces quelques toiles de Sourches. Mais la question que je me pose est la suivante : l'a-t-il fait pour *nous* ou pour *lui* ? Sur ses motivations réelles, je ne partage pas la théorie de mon père et de maître Rosen-

---

1. Les pillards d'Alfred Rosenberg, l'idéologue d'Adolf Hitler.
2. Le directeur du « projet de Linz » : le musée Hitler.

mark. Quand on a été aussi tordu qu'il l'a été avant que
mon père ne l'engage, je me dis qu'on peut le rester...
Pendant l'Occupation, Dequoy a fait des affaires avec
Haberstock. Il en a fait de belles. Il s'est acheté un
appartement superbe, rue Saint-Florentin, et ce n'est
pas avec ce que nous lui donnions à Londres qu'il avait
pu se l'offrir. Dans cet appartement, il y avait de beaux
meubles et des tableaux, dont la plupart nous appartenaient. A la Libération, il a certes tout rendu et tout de
suite. A l'exception des tapisseries. Il les avait, paraît-il,
confiées à un type qui ne voulait pas les rendre. Mon
père s'est énervé : « Eh bien, rachetez-les ! » Il a
répondu qu'il n'avait plus d'argent, plus rien. Et c'est
mon père qui a allongé la somme pour racheter nos
tapisseries à un voleur !

Avec le recul, on peut dire que nous sommes passés
à deux doigts d'une catastrophe... En novembre 1940,
parrainé par Dequoy, Karl Haberstock est venu voir
mon père à Aix-en-Provence. Avant la guerre, ils
avaient échangé une correspondance à propos d'un
Gauguin proposé par Haberstock. Mon père, lui, avait
trouvé un client en amérique : Edward G. Robinson.
Mais les deux hommes ne se connaissaient pas. Ils se
sont vus à Aix pour la première et la dernière fois :
cette rencontre nous vaut aujourd'hui des petits sous-
entendus ignobles sur mon père, qui se régleront
désormais en justice... Haberstock était venu pour lui
demander ouvertement de « dénoncer les collections
juives ». C'est-à-dire les tableaux des clients. Au-delà
du bavardage, c'était la raison affichée de sa visite. Ce
marchand allemand s'était inscrit au parti nazi pour
faire des affaires, et il ne s'en cachait pas. Il s'est
montré très respectueux, en aucun cas menaçant. Il est
néanmoins revenu à la charge à plusieurs reprises...
Mon père, déjà, détestait les Allemands depuis sa naissance. Mais alors, là, il lui a carrément fait savoir qu'il

n'en était même pas question. Haberstock a proposé à mon père de rentrer à Paris, de lui obtenir des papiers d'« aryen d'honneur » et de lui récupérer les tableaux qu'on nous avait volés. Mon père a tout refusé en bloc. J'y étais. J'ai assisté à la discussion, qui a eu lieu dans le hall de l'hôtel. Maintenant, il y a une chose : toutes les réponses qu'attendait Haberstock se trouvaient à la maison, ici, à Paris. Sans le savoir, derrière nous, nous avions laissé des archives « mortelles »... Mes parents n'en ont pas fermé l'œil de toute la guerre. Et je dois dire que moi-même j'aurai mis du temps à évacuer ce cauchemar. Comme un type qui rêve toutes les nuits que sa maison est en feu. Et cette maison, c'est le patrimoine de la France. Et il y a des gens à l'intérieur... Cette histoire m'aura marqué. Pour moi, tous les vieux papiers sont merveilleux. Et que des archives merveilleuses puissent faire du mal, rien que l'idée m'est totalement insupportable !

Dans des tiroirs, au premier étage, il y avait les papiers les plus secrets de la société. Des choses étonnantes. Ce que nous appelons les Collections. Ce sont des fiches très documentées et réactualisées en permanence sur les collections particulières. Mon grand-père avait commencé ces archives au XIXe siècle. Dès qu'il allait chez un collectionneur, il prenait des notes sur les œuvres et il les répertoriait. Mon père avait continué : ces informations sont absolument indispensables pour faire les catalogues raisonnés... C'était classé par artiste, dans de grandes enveloppes. Il y avait le descriptif du tableau. La photo, s'il avait été reproduit. Les origines. Le parcours. Le dernier propriétaire et son *adresse* ! Entre les mains des Allemands, c'était le drame... C'était ce que Haberstock voulait savoir. Avec ça, les nazis n'avaient plus qu'à enfoncer les portes. Il est vrai que les voleurs ignoraient l'existence de ces papiers. Ils ne pouvaient pas le savoir puisque nous étions les seuls marchands sur la place à avoir de telles archives. Mais ils auraient pu les trouver. Ils n'ont rien trouvé. Pourquoi ?

A cause de Griveau ! Dès le début de l'Occupation, Mlle Griveau a tout emporté chez elle. Elle était la secrétaire de mon père. Toujours parfaite. Toujours de mauvaise humeur. C'était la plus grande emmerdeuse de la planète, mais elle se serait fait hacher menu pour mon père. Pour sortir le répertoire des Collections, elle a fait plusieurs voyages. Au total, cela pesait pas loin de cinq cents kilos. Elle a risqué gros. Elle a risqué sa vie pour les clients et pour nous ! Elle a été héroïque. Une vraie Française ! Ils sont quelques-uns, ici, à avoir été plus que formidables...

Le vieux Marcel était notre maître d'hôtel. Il a caché toute l'argenterie chez lui pendant la guerre. Quand ma mère est rentrée, il lui a juste dit : « Je suis désolé, madame. Il manque un rond de serviette... »

Les magasiniers s'appelaient Raoul et Eugène. L'un habitait aux Batignolles, l'autre derrière l'église Saint-Augustin. Le jour où les Allemands sont entrés dans Paris, le magnifique Raoul et le génial Eugène ont roulé une quarantaine de chefs-d'œuvre. Ils habitaient dans des loges de concierge que tenaient leurs épouses respectives. Ils ont glissé les tableaux sous leur lit et ils ont dormi dessus pendant quatre ans. Une simple dénonciation, et Raoul et Eugène étaient fusillés...

Il y aura enfin notre comptable : Mollard. Il a pris des risques inouïs. Mollard a menti aux Allemands tant qu'il a pu. Jusqu'au bout, il leur a justifié des choses injustifiables...

Tous les cinq avaient été engagés et formés par mon grand-père : ils haïssaient les Allemands... Ils ont été extraordinaires. De vrais patriotes. Et pendant l'Occupation, tous ces vieux fidèles vont rester entre eux. Fermés. Wildenstein et rien d'autre... Dequoy ignorait l'existence des Collections. Et il n'a jamais su ce qu'ils faisaient. Ils ne le connaissaient pas. Dans les années 1930, Mlle Griveau lui envoyait deux lettres par semaine à Londres. Mais, là, il n'y avait aucune raison pour qu'elle lui raconte sa vie.

A la Libération, maître Rosenmark s'est occupé de Roger Dequoy. Que risquait-il ? Disons trois ans de retrait de sa licence. La prison, non. Les prisons étaient trop pleines à l'époque. Après, évidemment, mon père va cesser toute relation professionnelle avec lui. Il continuera néanmoins de venir à la maison. Tous les trois jours, il passait dire bonjour. Il était embarrassé.

Mon père l'a couvert, et je l'approuve, pour deux très bonnes raisons. D'abord parce que Dequoy a eu un rôle déterminant à Londres en pleine crise de 1929, alors que se jouait la vie de la maison Wildenstein... Et ensuite, surtout, parce que papa l'aimait bien.

Et moi aussi !

La guerre à New York

En 1941, à New York, j'ai été me présenter au bureau des Forces françaises libres, qui était situé sur la 5e Avenue. J'avais envie de faire quelque chose. J'ai été reçu par un homme dont j'ai oublié le nom, mais je sais qu'un jour il est parti avec la caisse. Il m'a envoyé à la visite médicale. Un vieux docteur a regardé mes papiers militaires : réformé pour tuberculose. Et il m'a dit : « Non. Vous risquez de les encombrer. Nous ne prenons que les garçons en bonne santé. » Il m'a donné un papier que j'ai gardé, et je me suis retrouvé dehors.

Deux mois après l'attaque japonaise, j'ai été convoqué par les autorités américaines à la gare centrale de Manhattan. Là-bas, on m'a dit : « Foutez-vous

à poil. Ne gardez que vos chaussures et votre chapeau. » Jusqu'au bout des quais, il y avait des milliers
de types à poil avec leur chapeau et leurs chaussures.
Les uns après les autres, nous sommes passés devant
une trentaine de médecins. Ensuite, un officier m'a
annoncé : « Ne vous inquiétez pas. Pour les Européens,
c'est le Pacifique. Pour vous, ce sera les Japonais ! »
J'ai fait une de ces têtes...

Et j'ai passé toute la guerre à New York, au *Navy
Supplies*... J'étais le seul Français. Nous étions installés
dans un grand building, au bas de la ville. Le *Navy
Supplies* était chargé d'équiper les navires de guerre qui
passaient par là. Nous les fournissions en tout.
Bombes. Munitions. Nourriture. Médicaments. Casquettes. Et je dois dire qu'on se foutait dedans régulièrement. C'étaient rarement les bonnes casquettes, et
encore moins les bonnes bombes. Je me souviens de
l'amiral qui disait : « Nous sommes la honte de la
marine américaine ! » J'étais chargé de recruter les
secrétaires. J'allais les chercher dans une université spé-
cialisée, au nord de New York. Sténos, dactylos, comptables. Pour le moral des troupes, je sélectionnais les
plus souriantes. On me considérait comme l'homme le
plus important de l'immeuble. Même le vieil amiral me
courait derrière : « Envoie-moi donc la petite rousse,
you know, celle qui est si chouette et si marrante... »
J'envoyais.

J'y allais tous les jours. Parfois, le samedi ou le
dimanche, je me faisais remplacer pour aller dans un
building des services secrets de l'armée. Ils avaient
demandé à mon père d'établir des listes exhaustives
des lieux et des éléments du patrimoine français qu'il
valait mieux éviter de bombarder. Je me souviens de
papa disant : « Il faut bien que quelqu'un s'y mette.
Alors on va s'y mettre. » Mon père travaillait tous les
soirs à ces listes. Région par région. Flandre. Picardie.

Normandie. Ville par ville. Agglomération par agglomération. On notait tout ce qui avait un rapport, de près ou de loin, avec le patrimoine national. Musées. Monuments. Bâtiments. Eglises. Presbytères. Sculptures. On relevait tout, avec l'emplacement, afin que les avions fassent un peu attention. Ce qui me fait sourire, aujourd'hui, c'est quand je vois la formule *top secret* sur ces documents. Parce qu'en fait on travaillait avec ce qu'on avait sous la main. Et qu'est-ce qu'on avait ? Des Guides bleus. Après nous, les Américains ont fait un boulot inouï... Ils ont reporté tous les éléments de nos listes sur des photos aériennes, en attribuant un numéro à chaque élément. Pour les pilotes, l'idée, c'était quoi ? C'était lâcher leurs bombes, mais éviter les numéros. C'était formidable. Evidemment, à l'arrivée, il y en a qui ne se sont pas gênés. Ils ont tout bombardé...

Tous les dimanches, la galerie était fermée. Mon père y organisait un buffet. Il y venait les Français de New York ainsi que les intellectuels européens et francophones. A la base, il y avait d'abord les copains de papa : Breton, Dali, Magritte... et Juan Negrin, le président de la République espagnole en exil. Il y avait également des historiens, des écrivains, des journalistes : Henri Focillon, Jacques Maritain, Pierre Lazareff. Et aussi des acteurs. Je me rappelle de Fernand Gravey, qui se faisait appeler Gravet : « J'ai remplacé le *y* de mon nom par un *t* parce que ici on me confond avec une marque de sauce. » Il collectionnait les soldats de plomb, celui-là... Il y avait enfin les gaullistes, qui venaient de Londres pour demander de l'argent aux Américains, et surtout les armes que les Anglais ne leur donnaient pas.

Maintenant, je dois dire une chose. Le dimanche, même quand j'avais la possibilité d'y aller, je n'y allais pratiquement jamais. Parce que ça me tapait un tantinet sur les nerfs de voir ces héros qui bavardaient devant des petits-fours à cinq mille kilomètres du feu. Ils me fatiguaient... C'était la guerre à New York, ça. Toute la journée, les nouveaux venus défilaient devant le micro et racontaient leurs histoires, que mon père publiait dans un journal qu'il avait créé : *La République française*.

En fait, cette *République française* était une publication purement politique, mais qui n'était pas véritablement gaulliste. Mon père n'était pas gaulliste. Mon père était déjà l'incarnation de la IVe République. Je me souviens de lui disant plus tard : « Est-ce que tu as relu tous les discours du général de Gaulle ? Pendant toute la guerre, il n'a pas prononcé une fois le mot *république* ! » Mais il n'empêche. Pour mon père, dès le début de l'Occupation, de Gaulle a représenté le gouvernement français. A l'automne 1940, avant que nous ne quittions la France, papa a fait virer en Angleterre — via Wildenstein Londres — des fonds au Général. Sans vouloir m'avancer, je crois bien qu'il a été un des tout premiers à le faire, et de Gaulle lui a d'ailleurs adressé une lettre pour l'en remercier.

A Paris, les Allemands avaient repris et publié *Beaux-Arts*. Mais c'est surtout *La Gazette des Beaux-Arts* qui les intéressait. Ils ont reculé devant *La Gazette*. Ils ont calé, parce que le premier geste de mon père, en arrivant aux Etats-Unis, a été de publier *La Gazette des Beaux-Arts*. A l'identique. Même maquette. La suite, quoi...

Je n'irai pas jusqu'à chanter qu'en cette période le marché de l'art new-yorkais était florissant. Il était néanmoins coupé de tout approvisionnement, de tout flux, de toute réalité. Il y avait donc une rareté des tableaux, et ça se vendait. C'est Félix qui faisait tout. Sans lui, la maison coulait... Entre ses journaux, ses buffets et son idée fixe — toutes les cinq

secondes — de rentrer en France, mon père s'intéressait peu aux affaires. Il ne pensait qu'à retrouver la
France. Il piaffait. Il ne comprenait rien à ce qui se
passait là-bas. Il n'en avait pas la moindre idée. Il bombardait de lettres et de questions Roger Dequoy et
maître Turpaud, son « avocat-espion ». Pour le courrier, dans ce sens-là, c'était plus facile. A New York,
Félix était vice-président de la chambre de commerce
française, et il avait une filière à travers les services
consulaires américains. Il va de soi que les lettres
étaient ouvertes. Avant Pearl Harbour, elles arriveront
directement à l'ambassade des Etats-Unis à Paris.
Après, tout passera par la Suisse... Dans l'autre sens,
c'était beaucoup plus compliqué. Papa recevait une
lettre en retour tous les trois mois... Dequoy utilisait
un contrebandier des Pyrénées, qui lui postait son
courrier à Saint-Sébastien. D'Espagne ou du Portugal,
toute missive en partance pour l'Amérique était
ouverte par les agents britanniques... Il y avait aussi
des Français — les gens ont été très serviables — qui
acceptaient d'emporter votre courrier en Suisse. Enfin,
il y avait des compatriotes qui arrivaient à New York.
Je revois Jean Gabin apportant une lettre à papa...

Les caisses de Bordeaux

En 1940, à Bordeaux, nous avions laissé deux caisses
en partance pour les Etats-Unis. Ces caisses étaient restées bloquées. De New York, nous ne comprenions pas
trop pourquoi, tous les papiers étaient pourtant en
règle. A l'intérieur des caisses, il y avait des tableaux
et des objets d'art précieux. Ces œuvres n'étaient pas
destinées à la vente. Mon père les tenait de ses parents
depuis son enfance. Il avait placé dans ces caisses tout
ce qu'il y avait dans sa chambre.

Nous avons fini par comprendre pourquoi les caisses ne partaient pas. Ce n'étaient pas les Allemands qui bloquaient. Ni les Français. Mais les Anglais.

Pour les Allemands, nous étions des sous-hommes. Pour Vichy, nous n'étions plus rien. Mais, aux yeux des Anglais, nous étions toujours des Français. Et donc des types dangereux. Des Français susceptibles d'alimenter l'effort de guerre allemand. C'était à devenir fou.

Dans les deux sens, et même avant l'entrée en guerre des Etats-Unis, il fallait demander un *navycert* aux Anglais. C'est-à-dire un certificat qui vous autorisait à expédier quelque chose vers l'Europe ou vers l'Amérique. Les Anglais n'en délivraient à personne. Il sera impossible d'envoyer quoi que ce soit jusqu'à la fin de la guerre. Les Anglais ont été d'une rigidité incroyable. Ils ont fait preuve d'une incompréhension incompréhensible, qui se comprend quand même si on se rappelle que ce sont des Anglais. Les Anglais ne comprennent que ce qu'il y a d'anglais. Et vous allez voir jusqu'où ça allait...

A New York, en 1941, nous avons exposé à la vente des tableaux de l'école de Fontainebleau. Mis à part un très beau Primatice et une jolie toile attribuée à Clouet, l'ensemble était plutôt moyen. Nous avions préparé cette petite exposition de France, un an avant notre départ en Amérique. De Suisse, il nous est alors arrivé à New York une offre de plus de dix fois la valeur de ces tableaux. Disons l'équivalent de 20 millions de dollars... L'Amérique n'était pas encore en guerre. Mon père est néanmoins allé voir les autorités américaines et — surtout ! — britanniques. Il leur a exposé la situation et il leur a dit : « Si on peut envoyer ces tableaux en Suisse, moi, je donne la *totalité* de la somme pour l'effort de guerre allié. » L'ambassade de Grande-Bretagne a répondu : « Merci. Mais nous devons d'abord contacter Londres. Il faut qu'on se renseigne. » Les services secrets britanniques se sont renseignés en Suisse, et ils sont revenus avec la réponse : « C'est impossible... C'est le maréchal Goering qui veut les tableaux. » Comment était-il au courant ? Ce n'est pas compliqué à deviner. Les catalogues de l'exposition sont arrivés de chez l'imprimeur le jour même où nous quittions Paris. Nous n'avons emporté qu'un seul exemplaire. Toutes les piles sont restées derrière nous, dans le bureau de mon père.

Cette opération n'a donc pas eu lieu. C'est bien dommage. Il faut être français ou américain pour comprendre ça. Qui descendait les avions de la RAF ? Goering. Qui bombardait les populations anglaises ? Goering. Pouvoir lui répliquer, pouvoir lui rendre la monnaie de sa pièce avec son argent — c'est-à-dire l'argent qu'il volait —, voilà un coup qui eût été magistral. Un coup à figurer dans les livres. Goering payant des tableaux pour se faire taper dessus ! C'était beau. C'était superbe. Les Anglais auraient pu s'en vanter après la guerre... Eh bien, non. On leur aurait donné 5 milliards de dollars pour accueillir un nouveau-né en Angleterre, ils auraient dit *non, il peut être dangereux.* Voilà. Les Anglais sont impénétrables, sauf pour un Anglais. Je suis peut-être un tantinet partial. Je n'ai été escroqué que deux fois dans ma vie : deux fois par des Anglais, qui sont venus vers moi en gentlemen... Ces sacrés Anglais, j'avoue que parfois j'ai un peu de mal à les suivre. A ce propos, je dois évoquer une autre histoire qui remonte aux années 1960...

Après la guerre, j'ai longtemps traqué un Fra Angelico qui était censé être en Allemagne. Il appartenait à la famille Henkell. Cette famille avait fait fortune dans le mousseux. Le Fra Angelico leur appartenait depuis au moins 1905. Impossible de mettre la main dessus. Un jour, je reçois une lettre me disant : « Le tableau est en Suisse. Est-ce qu'il vous intéresse ? » Je pars

Nathan, vers 1925. *(D.R.)*   Laure, vers 1925. *(D.R.)*

Daniel avec ses grands-parents, Nathan et Laure, en 1922 à Deauville. *(D.R.)*

Nathan. Carte de propriétaire. *(D.R.)*

Nathan. Carte d'exposant. *(D.R.)*

Nathan et Daniel au château de Marienthal à Verrières-le-Buisson. *(D.R.)*

Félix devant la galerie Gimpel-Wildenstein de New York, 1905. *(D.R.)*

Georges et sa mère, 1912. *(D.R.)*

Georges et Nathan
dans le jardin
de la rue La Boétie,
Paris. *(D.R.)*

Georges, Paris, 1908. *(D.R.)*

Nathan et Georges. *(D.R.)*

Portrait de Mme Georges Wildenstein par Picasso, 1918. *(Archives Wildenstein.)*

Jane et Georges. *(D.R.)*

Georges tenant dans ses bras d'un côté Daniel et de l'autre Micheline Rosenberg. *(D.R.)*

Georges photographié par Cecil Beaton, Londres, 1937. *(D.R.)*

Georges et Jane photographiés par Cecil Beaton, Londres, 1937. *(D.R.)*

Georges à Chantilly en 1938. (© *A.P.R.H./Bertrand Chantilly.*)

Daniel sur *Netta.* *(D.R.)*

Daniel en 1930, le jour de sa bar-mitsva. *(D.R.)*

Daniel et Marie Laurencin. *(D.R.)*

Georges et Daniel, Parke Bernett, New York, 1956. (© *Ben Martin/Time Magazine/PPCM.*)

Daniel par Doisneau. (© *Rapho.*)

Daniel rue La Boétie, Paris. *(Photo Bernard Gourier)*

Daniel et Yves Saint-Martin, première victoire d'*Allez France* en 1974.
(© Upi/Corbis-Bettmann/Sipa Press.)

Daniel et Yves Stavridès. *(Guilloteau/l'Express.)*

pour Zurich. Et, là, je tombe sur une dame d'un certain
âge. Cette femme charmante, qui parlait le français, se
présente : elle était la fille de Ribbentrop. La fille du
ministre des Affaires étrangères d'Adolf Hitler ! A
l'époque où il n'était que simple marchand de vins,
Ribbentrop s'était marié à une héritière Henkell. J'avais
donc devant les yeux une de leurs filles. Elle me dit :
« Nous sommes cinq dans la famille. Comme on ne
peut pas partager le tableau, il est à vendre. » Parfait.
On discute... Finalement, j'achète le tableau et je fais
cinq chèques. Elle me dit : « Maintenant je rentre à
Paris, où j'habite. » A cette période, j'avais un Jet
Commander, un petit avion à six places, et je lui ai
proposé de la raccompagner. Pendant le voyage de
retour, on bavarde... Comme son père avait quand
même été pendu après Nuremberg, je lui pose la question : « Comment vous en êtes-vous sortis après la guerre ? » Elle me répond : « Nous n'avons pas souffert,
nous, après la guerre. Nous étions en Angleterre. Nous
avons passé toute la guerre en Angleterre. » J'étais hallu-
ciné : « Hein ? Quoi ? Comment ça, toute la guerre ? »
Elle m'a raconté alors leurs exploits : « Oui. Parce que
notre père avait arrangé ça avec les Anglais. Il avait négocié l'hospitalité pour toute sa famille. En 1939, moi,
j'étais dans une école anglaise. » Il faut se souvenir que
Ribbentrop était bien plus que l'intime de Mme Simp-
son, à savoir la duchesse de Windsor. Mais, là, tout de
même ! J'étais ahuri... Quand l'avion s'est posé à Paris, la
fille de Ribbentrop m'a dit : « Est-ce que vous viendriez
dîner, un soir, à la maison ? » J'ai balbutié que je ne pouvais pas, que je n'avais pas le temps. Et j'ai eu tort. J'aurais dû y aller. Mais j'avais la tête ailleurs. Je repensais
aux Anglais, aux caisses, aux souvenirs de papa bloqués
à Bordeaux...

Finalement, ces caisses, mon père aura réussi à les
faire partir pour la Martinique. C'était possible, ça. Les

Antilles, c'était la France. De là, il a essayé de les faire suivre vers les Etats-Unis. Mais le gouverneur du coin était un chaud supporter de Pétain, il n'a rien voulu savoir. Il les a gardées. Par chance, il a été remplacé par un ancien socialiste que papa devait connaître un peu.

Lui, il a envoyé les caisses.

L'hôtelier de Goering

A New York, j'ai connu un homme qui se faisait appeler G. Je ne donne que l'initiale du nom, car G. a encore et toujours de la famille en Amérique. Qui était G. ? C'était un juif allemand qui avait tenu, autrefois, un petit hôtel à Berlin, et qui ne s'appelait pas encore G. à l'époque. Juste après la guerre de 14-18, un des héros de l'aviation allemande est venu habiter dans son hôtel. Un as. Une espèce de Richthofen *bis*. Il s'appelait Hermann Goering. Il était parfaitement fauché. Pendant dix ans, G. l'a logé et nourri gratuitement. Dix ans sans payer. En 1934, Goering est revenu à Berlin pour dire à G. : « Il faut que tu foutes le camp. » Goering avait quitté son petit meublé depuis quatre ans. Entre-temps, il avait suivi Hitler. Il était devenu une star. Il lui a dit : « Tu es juif. Crois-moi : il vaut mieux que tu partes en Amérique. J'ai tout arrangé pour toi et les tiens. Voilà des passeports au nom de G. Tu vas aller d'abord en Suisse. Et de là, à New York. A New York, tu trouveras 15 millions de dollars à ton nom dans une banque. Ces 15 millions sont à moi. Ces millions te donneront des revenus. Tu vas vivre avec. Tu ne dois pas toucher au capital. Et si un jour ici ça tourne mal — comme je le crois —, je viendrais te rejoindre et tu me rendras cet argent. » Bref, le seul en qui Goering avait une confiance absolue, c'était un juif... C'était G. Car 15 millions de dollars, en ce temps-là, cela faisait une sacrée somme. Rien qu'avec les revenus, il y avait de quoi faire.

Avec ces revenus, à New York, G. est devenu collectionneur de tableaux. Un gros client des marchands. Il en a acheté chez un peu tout le monde. Il en acheté chez nous. Il en a acheté chez les autres. Il était également de toutes les salles de vente. C'est curieux, le hasard. Ce G. avait dû entendre parler d'art pour la première fois de sa vie, j'en reste persuadé, dans son petit hôtel de Berlin. C'est forcément Goering qui lui avait mis ça dans le crâne.

Les Etats-Unis sont alors entrés en guerre contre l'Allemagne. G. restait malgré tout un Allemand. Qu'a fait G. ? Il est allé trouver l'OSS et il leur a raconté toute la vérité. Les services secrets ont alors fait preuve d'une intelligence remarquable. Rien à voir avec les Anglais. Là-dessus, il n'y a pas de comparaison. Les Américains ont dit à G. : « Gardez l'argent. Faites comme si de rien n'était. Vous avez des Allemands qui viennent chez vous ?

— Oui.

— Ils viennent de la part de vos amis ?

— Oui.

— Vous allez nous dire qui... Ils auront confiance en vous. Ils vont vous raconter des trucs, et pourquoi ils viennent, et qui ils vont voir. Vous nous suivez ? »

Il suivait. S'il n'y a pas eu d'attentat en Amérique pendant la guerre, G. est une des explications. Il a donné tous les espions allemands. Ensuite, le FBI va mener une contre-enquête sur lui. Le FBI voulait vérifier si ce G. avait été tout à fait kasher. J'ai bien connu l'agent chargé de la contre-enquête. J'ai fait sa connaissance quand il est venu m'interroger sur G. Il avait vu tous les marchands de tableaux. Après la guerre, c'est lui qui m'a raconté cette histoire.

Allez savoir...

L'après-guerre

La Commission de récupération

Les Alliés ont récupéré en Allemagne et en Autriche une grande partie des œuvres d'art volées aux juifs par les nazis. En France, le processus de restitution va durer jusqu'aux années 1950, et donnera lieu à des scènes pénibles... Aux yeux de la Commission de récupération, il y aura deux poids et deux mesures. D'abord les grands collectionneurs. A savoir les banquiers. Les industriels. Arthur Veil-Picard, le roi de l'absinthe. Pour tous ces gens-là, aucun problème. Les ministères n'ont fait preuve de générosité *que* pour les grands collectionneurs. Ils n'avaient qu'à se servir, et avec les compliments de la maison...

Ensuite, il y a eu les petits particuliers. Ceux qui avaient quelques tableaux chez eux avant que la guerre éclate. Ceux qui revenaient martyrisés des camps de concentration. Ils ont alors essayé de décrire comme ils pouvaient — et c'est très difficile — les œuvres qui étaient autrefois dans leur appartement. Et, à la Commission, qu'est-ce qu'on leur répondait ? On leur répondait : « Vous n'avez pas les photos ? Ah, ça, c'est très embêtant... » Comme si les particuliers avaient des photos et des plaques de verre... Quand les enfants survivants avaient le vague souvenir que leurs parents avaient acheté les tableaux ou les objets chez tel marchand, ils allaient voir Georges Petit ou Boussod & Valadon, qui leur délivraient des documents certifiant que, effectivement, leur père ou leur grand-père avait acheté chez eux. Et, à la Commission, qu'est-ce qu'on leur disait ? On leur disait : « Mais qu'est-ce qui nous prouve que vous ne les aviez pas revendus entre-temps ?... » Ces gens-là avaient perdu leur père, leur mère, toute leur famille dans les chambres à gaz. On leur avait tout pris. Leur maison. Leurs biens. Et non seulement on leur réclamait les photos des tableaux... Mais on les accusait : « Qu'est-ce qui nous prouve que vous ne les aviez pas revendus entre-temps ? » Alors il leur fallait des témoins assermentés, des avocats, des moyens financiers qu'ils n'avaient pas : ces gens-là n'avaient plus rien ! Nombre d'entre eux ont été balayés... Face aux ministères, ils n'avaient aucune chance. L'Etat a vendu des quantités de choses incroyables qui leur appartenaient. Les œuvres rapportées d'Allemagne ont été exposées au Jeu-de-Paume, et ensuite avenue Rapp, dans d'immenses hangars où défilaient un millier de tableaux et d'objets à la fois. On les exposait quinze jours et on passait au millier suivant. Il fallait être là, sinon c'était réglé : on ne revoyait plus rien. Les œuvres étaient aussitôt mises de côté pour être vendues par les Domaines. Mais il y avait quand même un petit problème : les Allemands n'avaient pas spolié *que* les juifs de Paris ; ils avaient aussi pris quantité de tableaux aux juifs de province... Dans ces hangars, le défilé des œuvres a duré au moins trois ans. Est-ce qu'on peut imaginer le calvaire d'un provincial pour monter à Paris — à l'époque ! — tous les quinze jours et pendant trois ans ! C'est scandaleux, ce qui s'est passé. C'est honteux. C'est à croire que, pour certains fonctionnaires, séquestrer les biens des juifs, c'était encore un acte patriotique.

Finalement, les grands collectionneurs et les marchands ont récuperé une grande partie de leurs collections. Aujourd'hui, ils sont très mal placés pour pleurnicher. Un peu de décence... Les petits collectionneurs sont les seuls qui ont le droit de hurler.

En revanche, après la guerre, la Commission a voulu absolument rendre des tableaux qui avaient été vendus, de plein gré et à prix d'or, aux Allemands. C'était le cas du portrait de *Madame Daudet* par Renoir. Léon Daudet l'avait vendu tout simplement pour de l'argent. Je me souviens que mon père, qui se débattait alors, a fait un véritable scandale à la Commission. « Vous n'avez pas à le rendre ! La seule vraie place de ce tableau, c'est le Louvre ! » C'est d'ailleurs là où il est aujourd'hui... Il y en avait aussi qui tentaient de ces trucs... Un célèbre marchand de vins a essayé de récupérer un Rembrandt, qu'il avait très bien vendu aux Allemands : c'est d'ailleurs Dequoy qui s'en était chargé. Un Rembrandt superbe, que mon père avait acheté à l'Ermitage. En pleine crise de 1929, nous l'avions vendu à ce marchand de vins pour le tiers du prix que nous l'avions payé.

J'ai failli tomber de ma chaise !

A l'arrivée, il y a des œuvres que nous n'avons jamais revues : entre autres, celles que les Allemands avaient volées à Igny, dans la grotte souterraine du château de Marienthal. Je pense que la plupart d'entre elles ont été détruites, à l'exception de deux toiles de Boldini, que mon grand-père m'avait données pour mes treize ans : la *Danseuse espagnole* et *Madame Harley*. A Paris, Ribbentrop s'était procuré ces deux Boldini pour les offrir au comte Ciano. Comme chacun sait, Ciano a eu des petits ennuis avec son beau-père : Mussolini l'a fait fusiller en 1944 ; ses biens ont été mis sous séquestre puis dispersés aux enchères. Et les Boldini avec... Au milieu des années 1950, en me promenant sur la 57ᵉ Rue, j'ai vu *Madame Harley* dans la vitrine d'un marchand new-yorkais. Qui me l'a rendue tout de suite... Et c'est en feuilletant le catalogue d'une exposition Giovanni Boldini, il y a une dizaine d'années, au Palazzo della Permanente, à Milan, que nous sommes tombés sur la *Danseuse espagnole*, qui avait été prêtée par un collectionneur italien. J'ai fait un procès pour tenter de récupérer ce tableau, en m'engageant à l'offrir aussitôt au musée Boldini de Ferrare. Eh bien, j'ai perdu ce procès ! Nous sommes actuellement en appel. Mais je dois dire que j'aime beaucoup les Italiens. En France, pour une telle histoire, il y aurait une atmosphère de drame. Tandis que là-bas, même si la mauvaise foi est totale, tout se passe dans la gaieté...

Pour en revenir aux œuvres récupérées en Allemagne et rapportées en France, il a fallu se battre. Comme les petits collectionneurs, les marchands ont été gratifiés du doute et de la hargne des fonctionnaires. Le problème, pour eux, c'est que nous avions *tous* les documents. Toutes les preuves. Nos archives n'avaient pas bougé. Nos livres de comptes et nos livres de stock, même ceux que ma grand-mère tenait au XIXᵉ siècle et qui ressemblent à des livres de cuisine, n'avaient pas quitté leurs armoires en fer... On peut parler d'un miracle. Dans ces années 1940 et 1950, Mlle Griveau, mon père et maître Rosenmark n'en ont pas moins bombardé de lettres la Commission et l'Office des biens et intérêts privés. J'en ai des dizaines qui disent en substance la même chose : « Attendez ! Ne vendez pas ! C'est à nous. Voici la photo. Voici le numéro de stock. Voici notre livre avec le descriptif. » Là où ça a été très dur, c'est quand nous avions tout sauf la photo. Ce fut le cas pour neuf manuscrits médiévaux à enluminures, que mon grand-père et mon père avaient achetés à la famille Kann et à des marchands, entre 1909 et 1930. Ils faisaient partie de l'ensemble entreposé par mon père à la Banque de France. Non seulement nous avions réuni — et croyez-le, ce n'était pas facile — les pièces comptables et les éléments qui prouvaient que nous avions acheté ces manuscrits, mais de plus nous avions les documents établis par les voleurs qui certifiaient nous les avoir volés. La Direction générale des bibliothèques traînait les pieds pour les rendre. Ces gens-là voulaient les garder. C'était effarant. Là encore, il a fallu agiter la menace des tribunaux. Il est vrai que, dans ce contexte, nous avions l'infrastructure pour nous défendre. Mais pour les petits particuliers, vous imaginez un peu...

Les manuscrits en question ont refait parler d'eux en 1997. Dans un article du *New York Times*, un héritier des Kann revendiquait la propriété de ces manuscrits comme ayant été volés par les Allemands, à sa famille, pendant la guerre. Cette revendication impliquait des insinuations assez pénibles. Quand j'ai lu ça, j'ai failli tomber de ma chaise ! Parce que ces manuscrits, je les avais eus entre les mains à l'âge de quinze ans. Alors il a fallu replonger dans nos archives, qui sont aujourd'hui à New York. Cela prend du temps, et je peux vous jurer que c'est emmerdant. A vrai dire, je n'en veux pas à l'héritier de la famille Kann. D'abord, parce qu'il y avait une erreur dans le *Répertoire des biens spoliés*. Ensuite, parce qu'il ne pouvait pas savoir que ces manuscrits nous appartenaient et que nous avions tous les documents. Cela dit, je pense que certaines personnes l'ont un peu encouragé dans son entreprise... Sur le thème : « Oh, vous savez, les Wildenstein... » J'ai envoyé une copie de tout le dossier à un conservateur de la Bibliothèque nationale. Juste comme ça. Je l'ai envoyé à ce monsieur qui se reconnaîtra, un homme très brillant par ailleurs.

Vala

Bref, à cette époque, sauf si vous vous appeliez Maurice de Rothschild, vous aviez l'impression de lutter pour récupérer des œuvres qui leur appartenaient *à eux*, aux gens des ministères... A propos de Maurice, il faut quand même dire deux mots sur Vala... C'était un type extraordinaire. Un hâbleur à la gouaille de titi parisien. Un être d'une laideur effarante... Il était l'homme à tout faire du baron. Si Maurice lui avait demandé d'assassiner la reine d'Angleterre, elle serait déjà morte. Vala était le bon copain de Rose Valland, la résistante qui a dressé l'inventaire des œuvres spoliées et entreposées par les nazis au Jeu-de-Paume. Après la guerre, elle s'est occupée des restitutions, et Vala a servi d'intermédiaire entre elle et Maurice. Dans les hangars de l'avenue Rapp, Vala était comme chez lui. Il était chez lui partout où les œuvres étaient entreposées. Il y allait quand il voulait. Il disait à Rose Valland : « Alors ça c'est à nous, ça c'est à nous, ça c'est à nous... » Au passage, il a donné un petit coup de main à Mlle Griveau pour vérifier que l'Etat n'écoulait pas en douce nos objets. Il savait ce qu'on avait. Il venait chaque jour à la maison, sur le coup de cinq heures, pour faire le point avec mon père sur les problèmes de Maurice, qu'il convenait de régler. A la base, les Vala père et fils étaient des restaurateurs de cadres. Mais le fils Vala était plus que ça. C'était un sculpteur sur bois comme je n'en ai jamais vu. Jamais. Il était un artiste, un génie... et un faussaire. Quand Maurice, après la guerre, a vendu son hôtel particulier à l'ambassade des Etats-Unis, il y avait dedans des boiseries du XVIIIᵉ siècle et les parquets d'époque. Avant que l'ambassadeur ne s'installe dans ses murs, Vala a tout retiré. Il avait refait les boiseries et les parquets à l'identique, qu'il a remontés ensuite. Il a chargé les originaux dans une demi-douzaine de camions, direction la Suisse. Maurice ouvrait le convoi à bord de sa Rolls. A la frontière, Vala a distribué quelques cigares, et hop !... Des quoi ? Des permissions de sortie du territoire ? Mais Maurice n'en avait strictement rien à foutre ! Il a toujours été *le* contre-exemple atypique des Rothschild. Car tous les Rothschild — je dis bien *tous les Rothschild* — ont toujours été d'une rectitude inégalée vis-à-vis de l'Etat. Et pour chaque permission de sortie qu'ils ont demandée, ils ont donné dix fois plus au Louvre : le Vermeer de Delft, dites, ce n'était pas rien... Mais le Grand Maurice, lui, était au-dessus de tout ça. Il était au-dessus de l'univers. Il s'en tapait royalement au sens propre du terme. C'était Louis XIV. C'était le Roi-Soleil.

Quand Maurice est mort, Vala n'avait pas vraiment le cœur à retourner à ses faux cadres. Il a trouvé un autre client : Marcel Dassault. Dassault avait acheté son hôtel particulier au rond-point des Champs-Elysées, et il voulait évidemment des boiseries, des parquets, des meubles du XVIIIe siècle. Mais pas n'importe quel dix-huitième... Il ne voulait que du dix-huitième siècle *neuf* ! Des copies de Versailles. Alors l'entreprise Vala est entrée en piste.

Descente du FBI à New York

La vie est ainsi faite : 20 pour 100 de joies et 80 pour 100 d'emmerdements. Il ne faut pas nier ses emmerdements. Il ne faut jamais nier quoi que ce soit.

En 1955, à New York, le FBI a débarqué à la galerie.

Nous avions un employé, un vendeur merveilleux, qui s'appelait Jay Rousuk. Très mondain, très doué, il connaissait la crème de l'Amérique. Il me disait : « Ils se figurent tous que je suis des leurs. En réalité, mon père était prêteur sur gages dans le fin fond du Middle West. S'ils le savaient, plus un ne m'adresserait la parole. » J'aimais beaucoup ce garçon. Il avait un de ces culots ! Il était d'une insolence magnifique. Avec lui, dès qu'on montait dans un taxi, on avait l'impression d'entrer dans un film de Billy Wilder. Il lui arrivait toujours des histoires à dormir debout. Un jour, il me dit : « Faut que j'aille me mettre au vert au Canada ! Faut que je parte tout de suite ! » Ah, bon ? « Oui. Une pute a porté plainte. J'ai la police qui me recherche... » Toujours à faire le clown. Toujours à faire des blagues. Il était très amusant. Jusqu'à la visite du FBI, je dois dire qu'il m'a beaucoup fait rire.

Il connaissait la planète entière, aussi bien les gens de la haute que la canaille. Il n'était pas bégueule, et c'est ça qui me plaisait en lui. Un jour, il est tombé sur un détective à deux sous, qui lui a demandé : « Cela vous intéresserait d'écouter les conversations des autres marchands de tableaux ? » Et ce grand crétin a dit oui ! Son petit truand devait être au mieux avec des gars du téléphone. Rousuk a fait mettre sur écoutes trois de nos confrères. Il a écouté les bons. Pas les mauvais. Il écoutait Knoedler et Cie. Il a dû penser que c'était la meilleure méthode pour faire des affaires formidables. Il s'est encore cru dans un de ses films... Je ne sais pas comment le FBI a découvert la combine, mais on a appris que ça avait duré plus de six mois. Mon père tombait des nues. C'était une catastrophe. *Espionner les confrères !* Mais de quoi nous avions l'air ? Nous avions l'air de beaux dégueulasses, oui. Et, dans ces cas-là, vous avez beau jurer sur tout ce que vous voulez que vous n'y êtes pour rien, on vous rit au nez. Le juge a reconnu, Dieu soit loué, que nous étions totalement étrangers à cette histoire. Cela n'y a rien changé. Il n'y avait rien à faire, rien à dire, on nous montrait du doigt. Il a fallu traîner notre boulet. Comme disait papa : « Et quand je pense que cette andouille n'a pas fait *une* affaire de plus ! Il se fait foutre à la porte de sa maison pour ça ! Bravo ! Quel brillant résultat ! Quelle connerie ! » Par la suite, le cauchemar de la rumeur nous reviendra en écho : « C'est un peu facile de se décharger comme ça sur les autres... »

En fin de compte, Rousuk a été condamné à une peine légère. Il avait dans son carnet d'adresses un *bootlegger*. Joe Kennedy. Le père des deux autres. C'était son copain. Le vieux Joe était sérieusement introduit dans les milieux politiques. C'est lui qui a arrangé les choses pour Rousuk.

Le fils du Dr Gachet

Dans les années 1940 et 1950, je vivais donc entre l'Amérique et la France. Je me revois encore faire la route qui mène à Auvers-sur-Oise. J'ai bien dû la faire plusieurs dizaines de fois. J'allais voir le fils du Dr Gachet. Je me rendais chez lui avec une espérance assez précise : j'essayais d'avoir ses tableaux. Acheter les chefs-d'œuvre que Van Gogh, Cézanne, Pissarro avaient peints du temps où les artistes venaient séjourner chez son père. La villa de Gachet se situait au bord d'une route. Derrière, il y avait une falaise avec des trous impressionnants : des espèces de grottes dans lesquelles le fils Gachet avait caché des Allemands, à la Libération, pour leur éviter d'être fusillés. Il l'avait fait par charité d'âme. C'était un vieil excentrique un peu cinglé. Il me faisait rire, moi. La première fois où j'y suis allé, il m'a dit : « D'abord, les papiers. Pour les tableaux, on verra ça après ! »

J'aime les vieux papiers depuis toujours. C'est mon truc. C'est ma passion. Je cours derrière les archives des peintres, des marchands, des collectionneurs. J'ai ça en commun avec papa. Dans la famille, c'est lui qui a commencé : il a rassemblé les correspondances d'Ingres, de Corot, de Gauguin... J'ai continué. J'ai beaucoup acheté. On m'a aussi beaucoup donné. J'ai des papiers de Vollard. J'ai ceux de la plupart des grands marchands parisiens. Evidemment, j'ai une grosse partie de Monet... C'est à la fois un plaisir et un besoin. Prenez mon *Monet*. Il n'a qu'un intérêt historique. Il n'a aucun intérêt littéraire, à l'exception du volume qui s'adosse aux correspondances des uns et des autres. Quand Monet est en Angleterre, notamment. Les lettres de son épouse sont particulièrement intéressantes. Pourquoi ? Parce que le peintre est comme un poisson qui ne voit pas la rivière. Il est dans ce qu'il fait. Il voit parfois les tableaux des autres, mais il voit rarement les siens. C'est donc la voix de ses proches qui nous apporte quelques éléments sur le pourquoi du comment de son travail.

Avant de poursuivre sur Gachet, à propos de vieux papiers, je dois évoquer le coup de génie qu'a eu mon père, en 1955, au moment où une loi a fait obligation à tous les notaires de France de déposer leurs minutes aux Archives nationales. Papa a alors formé une petite équipe d'une vingtaine de personnes. Que des vieilles dames. D'anciennes bibliothécaires à la retraite, qui avaient la passion et la pratique des archives. Elles ont plongé dans les inventaires d'atelier après décès des plus grands peintres, depuis le XVIe siècle. Cette spéléologie dans les archives notariales a débouché sur des découvertes sensationnelles. Des centaines de toiles, qui avaient échappé aux « certitudes » très aléatoires de l'histoire de l'art, sont ainsi remontées à la surface. En poursuivant les recherches, nous avons pu établir le parcours de ces toiles jusqu'au XXe siècle et localiser les familles qui ignoraient tout des chefs-d'œuvre qu'elles possédaient. Nous avons informé ces gens-là de ce qu'ils avaient sur leurs murs : « Vous avez chez vous un tableau

de Le Nain. Si un jour vous désirez vous en séparer... »
J'ajoute que cette investigation dans le passé ne se limite
pas aux inventaires des grands maîtres. Les petits
peintres oubliés, qui ont connu en leur temps la renom-
mée pour avoir décoré telle ou telle église, sont tout aussi
intéressants. Pourquoi ? Parce que, à toute époque,
entre peintres, on s'échange des tableaux, on s'en offre,
on s'en achète. Vous pouvez donc retrouver un Watteau
dans l'inventaire après décès d'un artiste obscur de l'académie de Saint-Luc. Mon père a publié toutes ses trou-
vailles dans *La Gazette des Beaux-Arts*... J'ai repris le
flambeau. J'ai moi aussi ma petite équipe de bibliothécaires. Chaque année, nous parvenons ainsi à acheter
quelques tableaux merveilleux. Ces archives notariales
forment une masse pharaonique qui raconte à sa
manière l'histoire de l'Ancien Régime puis celle de la
bourgeoisie française. C'est la *Légende des siècles*. Je
pense que j'aurai terminé leur dépouillement dans à peu
près deux mille ans.

Mais revenons à Auvers-sur-Oise. Le Dr Gachet
était, lui aussi, un amoureux des vieux papiers. Cet
homme gardait tout. Pas un faire-part, pas une note de
blanchisserie qu'il n'ait gardé. Chaque fois que je faisais le voyage, le fils Gachet mettait sur la table de sa
salle à manger ce qu'il avait décidé de me vendre
ce jour-là. Il faisait des calculs. Et il les refaisait.
5 000 francs. 2 000 francs. 10 000 francs. Je prenais tout.
J'ai ramassé un fatras épatant, qui aide à saisir la vie de
Gachet. L'époque de Gachet. On y trouve évidemment
un témoignage sur les derniers mois de Van Gogh. Ce
sont également les échanges de lettres avec les peintres.
Et il y a des choses amusantes. Gachet avait la collection
complète de *L'Assiette au beurre* dans un état parfait.
C'est tout ce que j'aime. J'adore ça. Mais il avait
surtout des perles qui sont totalement introuvables
aujourd'hui. Par exemple, le catalogue de la première

exposition impressionniste. Il tient en deux pages, mais vous ne le trouverez pas. Même à la Bibliothèque nationale, ils n'ont qu'un photostat. J'en ai dix, de ces catalogues. Le docteur s'était copieusement servi à l'exposition. C'était gratuit. Il en avait piqué dix.

Un beau jour, le fils Gachet m'a enfin lâché : « Bon. Nous allons parler des tableaux. » J'étais content. Ah, là, j'étais fou de joie. Je me suis dit : « C'est bon... » Jusque-là, il ne m'avait jamais montré *un* tableau. Je les connaissais par les livres. Les Van Gogh, je les connaissais par le *La Faille* d'avant-guerre. Pour me faire plaisir, il aurait quand même pu m'en sortir un. Au moins un. J'en mourais d'envie. Mais jamais. Je ne voyais jamais rien. En fait, si. Si, si. Je voyais les toiles de son père ou les siennes. Ils signaient d'un même pseudonyme : Van Ryssel. Des tableaux signés Van Ryssel, ça, j'en ai vu... Et des tableaux qu'il fallait que j'achète. J'en ai acheté une bonne cinquantaine. Et quand je pense qu'il y a des imbéciles qui vont crier dans les journaux que tel Van Gogh n'a pas été peint par Van Gogh mais par Van Ryssel père ou fils. Que ce soit le père ou le fils, il faut voir ça. Je vous jure. Ecoutez, je me ferai un plaisir de vous en offrir un et vous allez comprendre.

Donc, Gachet me sort : « Allez ! On va chez le notaire ! » Quand il a prononcé le mot *notaire*, je ne tenais plus en place. J'étais tellement joyeux. Je me suis dit : « Il veut garder l'usufruit de la collection jusqu'à sa mort. Il a bien raison. Aucun problème. » Et c'est là, au moment d'y aller, qu'il m'a assommé. Il m'a dit : « Alors, voilà. Je vais tout donner aux musées. Tout. Je veux que ce testament soit fait en bonne et due forme. Que vous soyez mon témoin. Vous allez contresigner ce testament. Vous êtes jeune et je suis vieux. Quand je ne serai plus là, je vous demande de bien vouloir veiller à ce qu'on applique *scrupuleusement* mes dernières volontés. D'accord ? » J'étais sonné.

J'ai rarement été cocu comme ça dans ma vie. Cocu, à ce point...

Après tout, c'est notre lot quotidien. Etre cocu, c'est le lot de tous les marchands d'art.

Quoique. Pas toujours.

Le coup du siècle

Même si je n'aime guère chanter mes exploits, il me faut parler de l'affaire Bonnard, qui a été le plus gros coup de ma vie. C'est une histoire fantastique.

Papa aimait beaucoup Bonnard, et réciproquement. Il l'aimait tellement qu'il a organisé trois expositions : une en 1934, et deux après guerre. Pierre Bonnard a d'ailleurs offert à mon père un autoportrait qu'il avait fait devant sa glace. J'ai fait sa connaissance ici même, à la maison. Il avait une allure de comptable : maigre, le visage émacié, timide derrière ses lunettes. Il avait la voix douce et il ne s'en servait pas beaucoup. Il extériorisait très peu. Il n'était pas impressionnant comme Picasso ou même Vlaminck pouvaient l'être. Ce n'était pas un *personnage*. Il n'en reste pas moins qu'il a toujours été mon peintre préféré. Avec Monet, il est pour moi un des très grands du XXᵉ siècle. Bonnard, c'est la dernière phrase de Goethe sur son lit de mort : « De la lumière... »

Pendant la période Nabis, Bonnard était au coude à coude avec Vuillard. Lequel des deux était le meilleur ? Parfois l'un, parfois l'autre. Et puis Bonnard a *trouvé la couleur*. Il l'a *trouvée* comme Fra Angelico. Et d'un seul coup, il a explosé. Il les a tous laissés derrière lui... Sa couleur est immatérielle. C'est une couleur rêvée, imaginaire, faite de nuances, de passages. C'est une couleur à son image : sans la moindre violence. C'est un doux feu d'artifice. Une symphonie merveilleuse et pleine de chaleur. Et c'est vraiment *peint*. Aucun autre artiste de l'époque ne l'a, cette couleur. Prenez les fauves. Ils sont colorés, certes, mais ils coloraient à outrance leurs paysages avec des couleurs pures étalées en aplats. Ils peignaient avec des couleurs violentes posées telles qu'elles sortaient du tube. Prenez Braque. Comme disait Picasso : « C'est peint avec de la merde de tout âge ! » — du bébé jusqu'au grand-père. Picasso lui-même — et vous savez à quel point j'aimais l'homme *et* le peintre — n'était pas très coloré. En revanche, à l'inverse de Picasso, Bonnard était tout sauf un grand dessinateur. D'un point de vue artistique, ses dessins n'existent pratiquement pas. Le dessin lui servait à mettre en place ses idées. Avec lui, tout est dans la coloration.

C'est clair : j'aime Bonnard depuis toujours.

Il est mort en 1947. Sa femme est morte avant lui, en 1942. Elle se faisait appeler Marthe de Méligny et disait descendre d'une vieille lignée italienne. Bonnard a mis trente ans avant de s'apercevoir qu'elle s'appelait Maria Boursin, et qu'elle était la fille d'un charpentier de Bourges. Mais il l'a crue jusqu'au bout quand elle lui a juré qu'elle était orpheline et seule au monde. Ils se sont mariés tardivement sous le régime de la communauté de biens. Il était alors un peintre sans argent, et Marthe n'en avait pas plus que lui : elle était son modèle depuis le premier jour.

Elle meurt donc en 1942. Après sa mort, Bonnard, qui habitait Le Cannet, est allé voir son notaire à Cannes. Le notaire lui a demandé si la défunte avait laissé un papier disant : « Je lègue tout ce que je possède à mon mari. » Eh bien non. Marthe de Méligny n'avait rien laissé. C'était très embêtant. Cela signifiait la routine administrative et quelques soucis en perspective : la recherche obligatoire d'héritiers éventuels de Marthe — même s'ils n'étaient pas censés exister — et donc la fermeture provisoire de l'atelier. Parce que, à l'époque, un peintre n'avait aucun droit moral — ce qu'on appelle surtout le *droit de finition* — sur les œuvres qui étaient encore dans son atelier. Ses tableaux ne lui appartenaient pas en propre. Tout ce qu'il y avait dans son atelier appartenait à la communauté. Cela n'a l'air de rien, mais Derain est mort de chagrin à cause de ce droit moral. Le jour où il a divorcé, on lui a d'abord interdit l'accès à son atelier. Et quand on lui a enlevé la moitié de ses toiles, il a hurlé en pleurant : « Mais je ne les ai pas terminées ! »

Pour s'éviter ces complications pénibles, Bonnard a donc rédigé devant son admirable notaire un papier qui disait : « Je lègue tout ce que je possède à mon mari. » Et il l'a tranquillement signé « Marthe de Méligny ». C'était de la routine. Et n'oublions pas que Marthe *n'avait pas de famille !*...

A la mort du peintre, en toute logique, la succession allait aux héritiers en ligne directe de Pierre Bonnard. Dans son atelier, il laissait près de sept cents toiles et plusieurs milliers de dessins et d'aquarelles. Entre les enfants de son frère, ceux de sa sœur et les petits-enfants, cela faisait huit ayants droit, dont Charles Terrasse, le neveu le plus proche de l'artiste. En apparence, l'affaire semblait simple. L'histoire ne fait que commencer. Comme elle va durer une quinzaine d'années, je vous la fais courte, sinon c'est un roman de Balzac.

Après la mort de Bonnard, le notaire avait commandité auprès d'un généalogiste — comme la loi l'exige — une recherche sur la fameuse Maria Boursin, alias Marthe de Méligny. C'est alors la surprise du chef : Marthe avait une sœur ! Laquelle sœur s'était mariée à un Anglais nommé Bowers. Ces Bowers avaient eu quatre filles, qui ne seront bientôt plus que trois, puisque l'une d'entre elles va décéder. Les sœurs Bowers entrent alors dans la danse. Comme elles ont accès aux pièces notariales, elles tombent sur le faux exécuté par Bonnard après la disparition de sa femme. C'est le procès. Les scellés sont mis sur la succession. Un administrateur judiciaire est nommé, qui rapatrie les toiles et tout le reste dans des coffres à la Chase Bank. Les Terrasse-Bonnard sont défendus par maître Maurice Garçon, qui emmène avec lui tout un bataillon d'avocats. Les sœurs Bowers, elles, font charger Moro-Giafferi à la barre. La procédure va durer des années, et le tribunal finira par rendre son verdict : *tout* pour les sœurs Bowers ! Car la loi stipule que quand il y a un faux établi par un des deux époux, ce sont les héritiers de la partie adverse qui ramassent la mise. Les autres n'ont plus droit à rien. Les Terrasse-Bonnard, donc, n'avaient plus droit à rien.

C'est là où j'interviens dans cette histoire, au milieu des années 1950.

Je vais voir mon père et je lui dis : « J'ai besoin d'un million de dollars. » Mon père me demande : « Pour quoi faire ? » Je lui réponds : « Tu verras bien. » Et il me les donne. C'était sportif de sa part. Car cela représentait une sacrée somme : c'est peut-être l'équivalent, aujourd'hui, de 50 millions de dollars.

Là-dessus, je vais voir Charles Terrasse, l'héritier moral du peintre. Je vous rappelle qu'il m'avait vu naître en 1917, qu'il avait été le collaborateur de mon père, et que les deux hommes étaient restés de très bons amis. Alors j'ai attaqué : « Charles, vous êtes dans une merde totale. » Et c'était la triste vérité. Je lui ai donc proposé la chose suivante : « Je voudrais acheter les droits successoraux litigieux de toute votre famille. Je vous les achète un million de dollars. » Il fallait être joueur. Il fallait le vouloir ! Je proposais un million de dollars pour *rien* ! Pour une affaire apparemment *foutue d'avance* ! Les Terrasse-Bonnard en ont parlé entre eux, et ils m'ont dit banco. Il fallait ensuite l'accord de l'administrateur judiciaire. Je suis allé le voir. Il s'appelait Viel, et il siégeait au 3 de la rue Jacob. Un drôle de petit homme. Il vivait encerclé par des dossiers qui montaient jusqu'au plafond. Je le revois tout excité me dire : « Vous voyez cette pile ? C'est le dossier Renault. Je m'en suis occupé après la Libération. C'est moi ! J'ai mis Renault en pièces ! En morceaux ! En cendres ! A zéro ! Après moi, c'est le déluge ! Toujours ! Quand je m'occupe d'un truc, il n'en reste plus rien ! Tenez, cette pile... » Et il commence à m'énumérer toutes les entreprises qu'il a désossées après la guerre. Je lui ai dit : « Calmez-vous, monsieur Viel, calmez-vous... Moi, ce n'est pas Renault, c'est Bonnard. »

Il m'a tout de suite donné son accord, et j'ai donc repris l'affaire. En surface, les héritiers Terrasse et Bonnard allaient devant la cour d'appel ; en coulisses, c'était moi. J'ai récupéré à mon compte la légion d'avocats — un par héritier — et j'ai engagé en renfort quelques ténors du barreau. J'avais même le futur ministre de la Justice du général de Gaulle. Il ressemblait au professeur Nimbus. Il plaidait en latin. Il avait parfaitement le droit de le faire. Je ne saurais dire de quoi il a parlé — je n'avais pas les sous-titres — mais sa plaidoirie a été très appréciée par le président du tribunal, qui a beaucoup ri. En face de nous, Moro-Giafferi a été admirable. Avec des effets de manches spectaculaires, en terrible avocat d'assises qu'il était par-dessus tout, il prenait la salle à la gorge : « Ces pauvres filles Bowers qui ont été volées, dépouillées... » Il le jouait à la Zola. Il parlait des Terrasse et des Bonnard comme d'affreux bourreaux qui auraient violé de pauvres malheureuses. C'était superbe. Et aussi, très risqué.

Et j'ai gagné en appel. Pourquoi ?

Avec les avocats, j'avais décidé de plaider la thèse suivante : le faux de Bonnard n'en est pas un. Eh oui ! *Bonnard n'a pas commis de faux !* Pour une simple et

bonne raison : le peintre avait daté sa fameuse « déclaration de succession de Marthe de Méligny » du jour
où il l'avait rédigée devant le notaire — c'est-à-dire
neuf mois *après* la mort de Marthe ! Il fallait y voir la
preuve qu'il ne s'agissait pas d'un faux. On aurait pu
parler de faux si le papier avait été antidaté. Mais, là,
ce n'était pas un acte délictueux : c'était un *gag nota-
rial* ! Et donc un document sans valeur. Bonnard
n'avait pas pensé à mal. Il ne s'était pas caché. Il n'avait
pas même imité la signature ni l'écriture de sa femme.
Il avait fait ça à la bonne franquette, en toute bonne
foi, pour pouvoir continuer à travailler dans la tranquil-
lité de son atelier.

Bref, le tribunal casse le premier jugement. Et je me
retrouve avec la moitié de tout. Plus la totalité de ce
que Bonnard avait peint entre 1942 — mort de Marthe
— et 1947 — mort de l'artiste. Vous allez me dire :
vous deviez être content ? Eh bien, la vérité est ailleurs.
Je m'en foutais royalement. Car j'avais l'intention d'aller encore plus loin. D'aller beaucoup plus loin. A
savoir devant une autre cour de justice. Pour y plaider
quoi ? Le droit moral du peintre sur son œuvre.
L'œuvre qui est encore dans son atelier.

L'écrivain avait ce droit moral. Le compositeur de
musique, aussi. Les manuscrits en cours d'écriture ou
les partitions inachevées ne relevaient pas de la
communauté de biens en cas de divorce ou de décès
de la conjointe. Mais les œuvres d'un peintre, si. Le
peintre n'avait aucun droit de finition. Il fallait donc
créer une jurisprudence.

Il a surtout fallu ceinturer le futur ministre. C'est
moi qui m'en suis occupé. Il était prêt à mettre en
pièces le Code civil sur le thème : « Les femmes n'ont
droit à rien ! Et pourquoi auraient-elles droit à quelque
chose ? » C'était de la folie... Bref, qu'est-ce que le
droit moral d'un peintre ? Tout tableau qui est dans

son atelier, qui n'a pas été offert à la vente, ou qui n'est pas signé, ou qui n'est pas reproduit dans un livre, est un tableau sur lequel il peut encore travailler. Il peut aussi vouloir un jour le brûler s'il n'en est pas content. Comme Monet. Ou le crever à coups de pied. Comme Degas. Il en fait ce qu'il veut, et comme il l'entend. C'est son œuvre *à lui*.

Tels sont les éléments que nous avons avancés devant la cour. J'avais à mes côtés le grand généalogiste Maurice Coutot, qui a été un ami merveilleux jusqu'à sa mort. Il s'était occupé de Derain, de Rouault. Il connaissait les professeurs et les experts les plus brillants sur toutes ces questions de droit. Et, au bout du compte, le tribunal nous a donné raison.

Je gagne tout. La totalité, sauf vingt-cinq toiles qui avaient été reproduites dans des publications, et qui revenaient donc aux sœurs Bowers. Les demoiselles pouvaient encore faire appel. La procédure pouvait encore durer des années. Nous étions déjà en 1963. Je suis allé trouver les sœurs et je leur ai dit : « Voilà. Il est probable que vous ne verrez rien d'autre que ces vingt-cinq tableaux. Mais je vais vous donner 28 pour 100 du tout. D'abord, parce que vous êtes les héritières du couple Bonnard et que vous y avez droit. Ensuite, parce que vous êtes intelligentes et que vous savez ce que cette affaire, si elle en reste là, va signifier... Pour la première fois, enfin, on va reconnaître le droit moral d'un peintre sur son travail. » Nous avons alors signé un arrangement à l'amiable. Par la suite, les trois sœurs vont devenir d'excellentes copines. La dernière d'entre elles vient de mourir à l'âge de cent quatre ans.

Il était également inconcevable que les Terrasse et les Bonnard n'aient pas de tableaux. J'en ai donné à toute la famille. L'administrateur a d'abord nommé un expert pour estimer les œuvres. Il a fait appel à un de ses amis, Maurice Rheims, l'homme à tout faire.

Ensuite, avec l'inventaire des œuvres et les prix d'estimation, il restait à établir des lots de valeur égale. Dans chaque lot, il fallait qu'il y ait un tableau important, le même nombre de natures mortes, de paysages, de Nabis... Je vous garantis que ce n'était pas facile. J'ai fait tout ça avec mon fils Alec. A l'arrivée, bien sûr, tous n'avaient pas le même nombre de tableaux. C'est évidemment moi qui en avais le maximum ; je devais en avoir près de cinq cents. Au-delà des Terrasse, des Bonnard et des Bowers, il y avait également Charles Zadok qui avait droit à son lot. Qui était Zadok ? Un vieil ami de mon père. Moi-même, je le connaissais depuis plus de vingt ans. De Milwaukee à New York, il était le grand directeur de tous les magasins Gimbel's. C'était un juif turc qui s'était installé en Amérique. Il y avait épousé une Russe, une brave femme, qui aimait la peinture et qui l'avait initié. Zadok était devenu une espèce d'amateur marchand ; il achetait, il vendait. Quand l'histoire Bonnard a été réglée, il est venu me supplier de lui vendre une trentaine de tableaux. J'étais content de lui dire oui. Il fallait que j'amortisse tout de suite les années de procédure, les frais d'avocats, les 2 pour 100 de l'expert, les émoluments de l'administrateur, le rentoilage des toiles et que sais-je encore ? Sans parler du million de dollars. Il fallait respirer un peu, quoi... Mais je me souviens du jour où j'ai emmené mon père — nous étions escortés par Viel — dans les chambres fortes de la Chase Bank. Quand papa a vu de quoi il s'agissait, il m'a simplement dit : « C'est la plus grosse affaire de notre existence... »

Le tirage au sort des lots a eu lieu à la Chase. Des numéros ont été attribués à chaque lot. Nous étions tous à la même enseigne. Il y avait là une petite-nièce des demoiselles. Elle devait avoir cinq ans. C'est elle qui a tiré au sort. Quand les attributions ont été faites, j'ai dit : « Bien. Maintenant, s'il y a des toiles que vous voulez

échanger entre vous, allez-y. Faites selon votre bon plaisir. » Tout cela s'est passé dans la sérénité. Avec l'accord
de tous les ayants droit, j'ai fait détruire devant l'huissier
les brouillons avortés, les morceaux d'esquisses sans
intérêt et sans valeur artistique, qui ne pouvaient que
nuire à la mémoire de Pierre Bonnard. Et voilà. Ainsi se
termine cette histoire. De cette aventure, il me reste
aujourd'hui cent quatre-vingts tableaux de Bonnard.
Les plus beaux. Les plus magnifiques. Que vaut un
Bonnard de nos jours ? Les grands Bonnard valent entre
5 et 7 millions de dollars. Les autres oscillent entre
500 000 et 2 millions de dollars. Ces sommes n'ont
aucune signification pour moi. Pourquoi les ai-je encore,
ces Bonnard ? Pourquoi ai-je gardé les plus beaux ?
Parce que je les aime. Parce que c'est le peintre que j'aimais et que j'aime le plus au monde. C'est la seule raison
pour laquelle j'ai pris ce risque impossible.

Je n'aurais fait ce coup de folie pour aucun autre
artiste. J'aurais pu acheter des ateliers d'autres peintres.
J'aurais pu, mais je ne l'ai jamais fait. Je n'en ai jamais
eu envie. J'aurais pu acheter celui de Vlaminck, par
exemple. Je le connaissais bien, et depuis longtemps. Il
venait déjeuner à la maison tous les huit jours. Il venait
pour dire à ma mère, qui était une grande liseuse, ce
qu'elle devait lire. Vlaminck lisait énormément. Je ne
sais pas comment il faisait. Il peignait dix, vingt, trente
tableaux par semaine, et il trouvait encore le temps de
dévorer ce qui sortait en librairie. Les romans. Les
essais. Les livres d'histoire. Tout. Il disait à ma mère :
« Celui-là, vous allez jusqu'à la page 100. Après, aucun
intérêt. Vous pouvez le jeter. » Il lui faisait des fiches
de lecture. Mon père était furieux : Vlaminck ne men-
tionnait aucun livre d'art. Jamais. En ma présence, je
ne l'ai jamais entendu parler d'art. Il s'en battait l'œil.
L'art, pour lui, c'était simple : peindre et vendre. Je
peins, je vends, je peins, je vends. Il a été un grand

peintre jusqu'en 1910. Un très bon peintre jusqu'en 1920. Après, c'est n'importe quoi. Il peignait à la chaîne. L'autre jour, sa fille me racontait que les gens défilaient chez lui pour qu'il authentifie des tableaux qu'il avait peints. « C'est bien de vous, hein ? » Il répondait systématiquement *non*. Et mieux : un jour, il va chez un type qui lui montre un tableau que Vlaminck avait fait autrefois. Et Vlaminck lui dit : « Moi, j'ai peint cette ordure ? Vous plaisantez ou quoi ? » Et paf ! Il crève la toile à coups de pied ! C'est alors que le type sort une lettre de la propre main de Vlaminck, qui accompagnait le tableau à l'époque où il le lui avait vendu. Du Vlaminck à l'état pur.

Nous achetions des toiles de Vlaminck antérieures à 1920 pour la galerie de l'Elysée. Mon père avait ouvert cette galerie vers 1935, quand le marché avait repris. Elle était située face à l'hôtel Bristol. Un très bon emplacement. On y vendait Derain, Vuillard, Signac, Rouault. Et quelques céramistes. Aux commandes de cette galerie, mon père avait installé Jean Metthey, le fils du grand céramiste, qui était un des garçons les plus intelligents et les plus gais de Paris. Un parfait rigolo. Quand je me suis lancé dans l'affaire Bonnard, je l'entends encore me dire : « Je la vois venir d'ici, la vente publique ! Quand je pense que tout ça va finir sous le marteau d'un commissaire-priseur. Ce sera magnifique ! Il va te les disperser à la criée par paquets de douze ! Même que je le vois déjà en ajouter un au pot, en hurlant à la cantonade : *Treize Bonnard à la douzaine !* »

Le génie de Versailles

La IVe République. André Marie. Il était ministre de l'Education nationale. La Culture, et donc le directeur des Beaux-Arts, dépendaient de lui. André Marie avait un œil pour la sculpture, pour la peinture et pour bien des choses. C'est un des hommes les plus cultivés que j'aie connu, et des plus courageux. Il était malade des poumons. Il avait beaucoup souffert. A moitié gazé pendant la Première Guerre mondiale. La Résistance et Buchenwald pour la deuxième. Ce Normand était aussi d'une drôlerie phénoménale. Raymonde, sa maîtresse, était une bonne copine à moi. La géniale Raymonde... Le soir, nous sortions souvent ensemble, tous les trois. Je passais le prendre avec Raymonde, dans son bureau, au ministère. Il pouvait être avec n'importe qui, cela n'avait aucune espèce d'importance : on entrait là-dedans comme dans un moulin. Vous savez, elle était bien, cette République... Et un beau jour de 1953, on apprend que M. Mauricheau-Beaupré vient de mourir. C'était le conservateur en chef de Versailles. Il fallait donc lui trouver un remplaçant. André m'a demandé : « Dis, donc... T'as pas une idée, Daniel ? Tu vois quelqu'un, toi ? » Sur le coup, des idées, je n'en avais pas trop. Je ne voyais personne. Le soir, j'en ai parlé à mon père. J'ai évoqué le nom d'un brillant expert qui avait écrit un ouvrage remarquable sur les tapisseries de Versailles. Papa m'a dit : « Oui. Mais je ne peux pas le voir, celui-là. C'est un curé déguisé. Trouve quelqu'un d'autre. Mais qui ? » J'ai eu alors l'inspiration du siècle. Gérald van der Kemp. Mon Gérald. Pourquoi lui ? D'abord, parce qu'il était déjà à Versailles. Ensuite, parce qu'il n'y avait personne d'autre que j'aimais comme lui. Depuis l'Institut d'art et d'archéologie, nous étions comme deux frères.

J'en ai parlé à André Marie. J'en ai parlé à mon père. Je leur ai dit : « C'est un héros de la guerre... » Sous l'Occupation, Gérald avait gardé le château de Valençay, où étaient cachées les collections nationales. Ce qui m'autorisait à dire : « Sans Gérald, le Louvre n'aurait plus rien ! » Mon père a pris quelques renseignements. Les renseignements n'étaient pas si brillants que ça. En clair, mon père m'a dit : « Mais il n'a rien écrit sur Versailles ! » En réponse, je lui ai sorti des imbécillités de circonstance : « Il n'a pas eu le temps. Gérald a trop de travail. Il est trop occupé. » En réalité, mon Gérald faisait surtout le joli cœur dans les salons de Paris : les salons américains, notamment. Et il avait du succès. Parce qu'il était beau garçon. D'un charme irrésistible... Bref, j'ai réussi à inscrire le nom de Gérald dans le cerveau d'André Marie. Mais sa signature se faisait attendre. Le ministre ne signait pas. Un matin, j'ai dit à Raymonde : « Raymonde, ça urge ! Faut qu'il signe ! » Elle a éclaté de rire, et elle m'a répondu : « Mon petit Daniel, ne t'inquiète pas. C'est très simple. Je vais dire à André que s'il ne signe pas, moi, je ne baise plus. »

Il a signé.

Gérald van der Kemp a donc été nommé conservateur en chef du château de Versailles. Sa nomination a été saluée par un tollé général. Par un concert d'insultes.

Mon Gérald a donné plus de trente ans de sa vie à Versailles. De l'avis unanime, il a été formidable, grandiose, prodigieux. Et, à travers lui, il faut saluer tous ces conservateurs tels qu'on les aime : généreux, et prêts à se battre pour défendre un peintre ou un château !... Par son charme, par son carnet d'adresses et par son amour de Versailles, Gérald a soulevé des chaînes de montagnes. Il a réussi à mobiliser les entreprises privées. Il a attiré les donations des riches Américains, et surtout des riches Américaines... Mais aussi des Français.

Un jour, vers la fin des années 1950, Gérald m'appelle pour me dire : « La famille de Talleyrand va nous faire don d'un portrait de leurs ancêtres par François-Hubert Drouais. Peux-tu venir le voir ? » Je tique un peu, mais j'y vais aussitôt. Nous nous plantons devant la toile qui

venait d'arriver, et je lui lâche au bout d'une seconde :
« C'est une copie. » Je baisse ensuite les yeux sur la
signature. « Tu vois ce que je vois ? » Il y était inscrit :
d'après Drouais. J'éclate de rire, et je demande à Gérald :
« Tu veux voir l'original ? » La famille de Talleyrand
l'avait vendu à Nathan en 1908, et comme le veut la tradition ils avaient donc fait faire une copie du tableau...
Par la suite, mon grand-père avait revendu ce Drouais à
la famille de Rouget... Je les appelle. Nous allons voir
cette toile superbe, datée et signée comme il se doit. Au
passage, nous racontons la petite anecdote de la copie à
M. de Rouget, qui était alors très âgé. Et qui nous dit :
« Excusez-moi. Il faut que je m'absente quelques
minutes. Je dois parler à mon épouse. » Il revient au bout
de cinq minutes, et il annonce à Gérald : « C'est un
tableau que nous aimons beaucoup, ma femme et moi...
Prenez-le. Emportez-le. » Je n'ai jamais vu ça de ma vie...
Une telle classe. Une telle générosité. Une telle élégance... Sous le Drouais, à Versailles, il y a aujourd'hui
une petite plaque au nom des Rouget... Derrière chaque
plaque, dans les musées, il y a ainsi des histoires merveilleuses...

Dans son château, mon Gérald aura ainsi fait revenir
des tableaux et des meubles d'époque. Mais pas seulement. La chambre du roi, la galerie des Glaces, le petit
Trianon : tout ça, c'est lui. Il a été l'homme des grands
travaux. Il est l'homme qui a ranimé Versailles. Il y a
organisé toutes les fêtes officielles. Le général de
Gaulle l'aimait beaucoup... Après Versailles, Gérald a
recommencé à Giverny. Là encore, il est parti de rien.
Là encore, il a démarché les mécènes. Aujourd'hui,
c'est grâce à lui si quelque 500 000 visiteurs, chaque
année et sous la pluie — il pleut tout le temps à
Giverny —, viennent du monde entier et font la guerre
pour entrer dans ce jardin de curé ! C'est le meilleur,
Gérald. Il sait vraiment travailler. Il est décoré de la

tête aux pieds, et il mesure un mètre quatre-vingt-quinze. C'est vous dire s'il les a toutes, les médailles. Il ne sait plus où les mettre.

Malraux vs *Wildenstein*

Mon ami Gérald a eu ce que mon père n'a pas eu. Mon père a longtemps rêvé de médailles. Il rêvait de la reconnaissance des uns et de l'estime des autres. Mais il n'y avait rien à faire. Il faut dire qu'il n'avait pas que des amis sur terre. Il aura surtout eu un ennemi mortel : André Malraux. Les deux hommes ne se seront jamais rencontrés. Mais Malraux vouait à mon père une haine noire, hystérique, qui venait de loin. Cela remontait à l'affaire de l'Indochine.

Tout le monde sait que Malraux est allé, en 1923, découper quelques bas-reliefs de temples à Angkor. Il a emporté quelques statues. Et il a fait quelques jours de prison. Cet aventurier n'avait pas le sens du délit, mais il avait du goût. Il savait ce qu'il prenait. Il n'a pas emporté n'importe quoi. Il a emporté des pièces connues.

Ce que l'on sait moins, en revanche, c'est que certaines de ces pièces ont échappé à leur confiscation par la police... Malraux les a alors fait expédier à Marseille. De là, il avait l'intention de les rapporter à Paris pour les vendre. Mais il avait peur qu'il existe des photos des bas-reliefs et des statues en question. Son butin a donc fait une petite halte dans l'atelier d'un sculpteur marseillais. Malraux lui a demandé de retailler les pierres. De les « maquiller ».

Et mon père l'a su.

Par la suite, il a écrit un article sur André Malraux. Il y disait son admiration pour celui qu'il a toujours considéré comme un grand écrivain. Après les compliments, il a tout de même fait une légère allusion à l'épisode marseillais. Pour lui, c'était un comportement inadmissible. Quand on dit qu'on aime l'art, on évite de défigurer les merveilles du patrimoine universel. C'est un acte grave, affreux et surtout mesquin. Voilà en substance ce qu'a écrit papa. Malraux a évidemment nié. Il a noyé le poisson. Il a affabulé comme il l'a fait très souvent dans sa vie. C'est d'ailleurs ce qui faisait son charme. Mais, là, il s'est quand même pris un bon coup dans le ventre. Un coup qu'il n'a jamais digéré. Quelqu'un osait s'opposer à lui.

Avant de continuer, voici le nom du sculpteur : Louis Dideron. Maître Dideron. Un type formidable et courageux. Je l'ai connu à l'Institut quand j'y ai été élu, en 1971. Il savait ce que Malraux avait fait à mon père. Il m'a dit : « Je tiens à ce que tu connaisses l'histoire exacte des sculptures que Malraux a apportées à mon atelier, à Marseille, en 1924... » Il m'a tout raconté. Il m'a tout confirmé. Et il me l'a répété *par lettre*.

Après la guerre, Malraux va trouver le moyen de se venger de papa, en créant le scandale de *La Diseuse de bonne aventure*.

L'histoire de ce tableau de Georges de La Tour commence avec un copain de ma sœur, M. de La Grandière. Un jour, à Deauville, cet homme me dit : « J'ai passé le week-end dernier chez mes cousins. Sur le mur de ma chambre, il y avait un tableau horrible qui représente des espèces de bonnes femmes abominables. Je crois bien qu'ils veulent le vendre. En haut de la toile figure le nom du peintre : La Tour. » Je lui ai aussitôt manifesté mon intérêt pour ce tableau. Il m'a suggéré : « Si vous désirez le voir, appelez de ma part M. de Gastines. Mon cousin est un homme charmant. Il vit dans la Sarthe, à trois cents kilomètres de Paris. » Je vais donc là-bas, je regarde le tableau et, en effet, il y avait la signature en grosses lettres : *G. De La Tour Fecit Lunéville Lothar*. Il manquait cinquante centimètres sur la gauche de la toile. On l'avait découpée pour la faire entrer dans le cadre. Georges de La Tour n'est pas un peintre aussi immense qu'on veut bien le dire, mais cette *Diseuse de bonne aventure* est son chef-d'œuvre. Elle fait partie de la trilogie du Fils Prodigue. De cette trilogie on ne connaissait que *Le Tricheur*, qui appartenait à Pierre Landry, marchand de tableaux, historien d'art et grand joueur de tennis. La troisième toile est d'ailleurs toujours portée manquante, mais on finira bien par la trouver un jour. L'intérêt de ces œuvres est qu'elles sont diurnes, alors que ce peintre du XVIIe siècle n'aura livré toute sa vie que des scènes nocturnes, avec des bougies et des torches. C'est en cela que Georges de La Tour a long-temps été considéré par le Louvre comme un artiste de cinquième ordre, un suiveur et même un copieur du Caravage, à l'exemple du peintre flamand Gerrit van Honthorst. Et le Louvre ne s'en cachait pas : « Nous avons déjà un Georges de La Tour avec une bougie, c'est bon, ça suffit. »

En tout cas, moi, je fais savoir à ce M. de Gastines que sa *Bonne Aventure* m'intéresse. Il me dit qu'il en veut 7 millions et demi de centimes. A cette époque où le dollar écrasait toutes les monnaies, ce n'était vrai-ment pas une grosse somme. M. de Gastines me précise néanmoins : « Je tiens à le proposer d'abord au Louvre. Je les ai déjà contactés. » Je lui réponds : « Au-cun problème. Ils ont priorité sur nous. Quand ils l'au-ront vu, dites-moi ce qu'il en est. »

René Huyghe et Germain Bazin, les conservateurs en chef du Louvre, sont partis voir le tableau dans la Sarthe, accompagnés de M. David David-Weill, prési-dent du Conseil artistique des musées nationaux et grand ami de mon père. Sur place, Huyghe a alors déclaré : « Le tableau est intéressant, mais à 7 millions et demi, c'est hors de prix. Nous vous en offrons 6 millions. » Gastines lui a répondu : « Désolé. Réfléchissez. » Ils ont réfléchi pendant deux semaines et ils ont maintenu leur position : « A 6, c'est le maximum. Cela ne vaut pas plus. » Gastines s'est alors retourné vers mon père, qui lui a dit : « D'accord à 7 et demi. Nous achetons le tableau. »

Quinze jours plus tard, René Huyghe vient déjeuner à la maison et remet la *Bonne Aventure* sur le tapis. Il demande à papa : « Vous ne voulez pas nous le donner à 6 millions ? » Papa, ahuri, lui dit : « Vous exagérez un peu, là, non ? Ecoutez : je veux bien vous le donner à 7 et demi, et tout de suite. Vous l'emportez, le tableau est à vous et on n'en parle plus. » A ce moment-là, le Louvre pouvait encore l'avoir, mais Huyghe a calé. Le soir même, M. David-Weill téléphone à papa et le conforte : « L'acheter à 7 et demi et le revendre à 6 ? Et puis quoi, encore ? Vous avez parfaitement raison de rester sur votre position. C'est une question de principe. » Dans son existence, mon père aura offert pas mal de choses aux musées et au Louvre en particulier, mais là, il ne fallait peut-être pas trop pousser. Que je sache, et jusqu'à preuve du contraire, ce ne sont pas les marchands d'art qui votent le budget des musées de France et encore moins celui de la Culture. A deux reprises, le Louvre pouvait acheter ce tableau à un petit prix. Il ne l'a pas fait. Mais Georges de La Tour, à cette époque, était encore aux yeux du Louvre un « peintre à 6 millions de centimes » et non pas une priorité fondamentale du patrimoine français.

Là-dessus, nous demanderons une licence d'exportation pour cette *Bonne Aventure* — c'est-à-dire son autorisation de sortie du territoire — que Germain Bazin signera évidemment. Il était difficile de ne pas la signer, celle-là. Le Louvre avait refusé d'acheter ce tableau à deux reprises et Georges de La Tour n'était pas un peintre que l'on retenait. Pierre Landry a lui aussi obtenu cette licence pour son *Tricheur*, qu'il a d'ailleurs envoyé en Suisse. Il faut savoir que Landry suppliait le Louvre depuis une bonne quinzaine d'années pour que le musée lui achète son tableau. Il ne voulait pas le vendre pour l'argent. Il voulait le vendre pour le voir au Louvre. Landry était un amoureux du peintre. Un vrai. Il s'est battu pendant trente ans pour le faire connaître. Des années plus tard, il a finalement négocié son *Tricheur* avec le Louvre pour une somme de 10 millions de nouveaux francs.

Notre Georges de La Tour, lui, est resté ici, à Paris, pendant un ou deux ans. Il était là, contre un mur. Nous n'y pensions même plus. En fin de compte, nous l'avons expédié en Amérique. Il est resté des années et des années dans notre maison new-yorkaise, avant que le Metropolitan ne l'achète, en 1960, pour 675 000 dollars — c'est-à-dire 3,3 millions de nouveaux francs à l'époque. C'était bien moins cher qu'un Le Nain ou un Poussin... Mais, entre-temps, le scandale de la *Bonne Aventure* avait déjà éclaté.

Au ministère de la Culture, André Malraux en avait fait sa cause... En public, il a laissé entendre que les gens du Louvre avaient été payés par Wildenstein pour laisser sortir un chef-d'œuvre qui n'aurait jamais dû quitter la France. Il s'est juré ouvertement de « casser » le malheureux Germain Bazin. Qui tombait des nues. Et qui a failli sauter : il a dû aller se défendre devant une haute instance. Cette affaire est devenue très tôt, très vite, un motif d'indignation nationale. Mon père a été brûlé en place publique. La presse hurlait. Il faut quand même rappeler que Malraux n'avait pas pris la peine de se renseigner auprès des protagonistes de cette histoire. Et qu'il n'avait surtout jamais vu le tableau de sa vie ! Mais il n'était pas à ça près. En

1960, à la Chambre des députés, Malraux a solennellement répété que le certificat d'exportation avait été signé avant son entrée au ministère. Avec les petites insinuations que cela signifiait.

Mais le plus beau, dans tout ça, c'est quoi ? C'est qu'ensuite il est allé à New York pour voir la *Bonne Aventure* au Metropolitan. Et vous savez ce qu'il leur a dit ? Il leur a dit qu'il étudiait ce peintre depuis les années 1920. Et que le tableau qu'ils avaient acheté aux Wildenstein était un faux ! Oui. Après tout ce tintamarre... J'avoue que, à ce niveau-là, on ne peut pas lutter... Toujours est-il que Malraux aura réussi son coup. Par la suite, chaque fois qu'on écrira sur mon père, sur moi ou sur les Wildenstein, on ne manquera jamais de rappeler à demi-mot l'exportation « illégale » de la fameuse *Bonne Aventure* de Georges de La Tour...

Mais le plus dur reste à venir.

Mon père, en 1963, avait présenté sa candidature à l'Académie des beaux-arts. Le matin de l'élection, c'est-à-dire le 27 mars, le téléphone a sonné à la maison. C'est moi qui ai décroché. A l'autre bout du fil, il y avait Gaston Palewski, ministre et vieux fidèle du général de Gaulle. « Daniel, il faut que votre père se retire... » Palewski m'a dit que la demande venait du général, sur les injonctions de Malraux. C'était odieux, mais ce n'était pas une surprise. La dent de Malraux contre mon père n'avait rien d'un secret d'Etat. Et il n'allait pas se calmer comme ça : quarante années de haine ! Gaston Palewski a joué cartes sur table. Il connaissait très bien ma famille. Il avait été autrefois le collaborateur de mon père. Dans sa jeunesse, Palewski avait travaillé ici, chez nous, à la documentation.

Ce jour-là, mon père a maintenu sa candidature. En dépit de toutes les pressions, il a été élu à l'Institut par trente voix sur trente et une. Ce fut une élection de maréchal. D'ordinaire, l'enregistrement d'une élection se fait dans le mois qui suit. Il a alors attendu. Avril : rien. Mai : rien. Et j'ai vu papa se briser d'un coup. « Ces *gens* ne veulent pas de moi à ce point ?... » C'était Malraux, bien sûr, qui freinait. C'était lui. Ce n'est pas une hypothèse. C'est la vérité. Palewski, et il n'est pas le seul, me l'a répété.

Le 11 juin, mon père est mort.

Il est certain que cet épisode a joué sa part dans la mort de papa. Je n'ai aucun doute là-dessus. Et je peux même ajouter que sa mort a porté un coup à Malraux. J'y reviendrai.

J'ai enterré mon père. Son élection n'a même pas été entérinée à titre posthume. Mais l'Académie a passé outre, en l'inscrivant sur la liste des académiciens...

Toute ma vie, je n'aurais aimé que la France. Toute ma vie... Mais c'est à ce moment précis que j'ai liquidé notre maison en France. Pour ne plus avoir affaire à *ces gens*.

Et pourtant.

Car il y a une suite.

En 1965, Malraux a été à l'origine d'une exposition intitulée *La Peinture française dans les musées de l'Ermitage et de Moscou*. On avait fait venir des « trésors inconnus » d'Union soviétique pour les exposer d'abord au musée de Bordeaux, et ensuite au Louvre. Je suis allé voir ça.

En rentrant de l'exposition, j'ai écrit une lettre que j'ai envoyée au *Figaro*. Je m'y étonnais que notre Malraux national ait choisi de telles saloperies, alors que l'Ermitage et le Pouchkine regorgent de chefs-d'œuvre immortels. Je suggérais que ces « trésors inconnus » auraient peut-être mieux fait de le rester. Le Manet était un faux. Le Lorrain était une copie dont l'original se trouve chez la reine d'Angleterre. En gros, je remarquais que la moitié des toiles étaient d'authentiques immondices.

Le lendemain du *Figaro*, j'avais la police chez moi. Une perquisition en règle. Ils sont venus à quinze. Comme il n'y avait plus de société Wildenstein à Paris, je leur ai demandé ce qu'ils cherchaient. « Rien en particulier... » Le commissaire, aussi courtois que charmant, m'a dit avec un franc sourire : « Vous vous doutez bien qu'on vous cherche des poux dans la tête, non ? » Ils n'ont rien pris, rien emporté. Ils m'ont souhaité une bonne journée, et ils sont partis. Après, j'aurais peut-être dû me calmer. Mais je dois dire que j'ai multiplié les provocations. Et certaines, j'en conviens, n'ont pas toujours été d'un goût exquis.

En 1969, j'avais baptisé un des mes chevaux Good Bye Charlie. Il y avait eu un *musical* à Broadway qui s'intitulait *Good Bye Charlie*, et qui avait connu un immense succès en Amérique. Mais, là... bon, cela pouvait s'adresser au général. Ce n'était pas un crack, il n'était pas bon, et il a quand même gagné une petite course de haies à Auteuil. Vous imaginez la suite...

En août 1973, j'étais en vacances à Cannes, comme toujours. Et je me réveille un jour avec la une de *Nice-Matin* : « Daniel Wildenstein accusé de fraude fiscale ». L'information figurait aussi en pleine page dans *France-Soir* et dans *Le Figaro*. C'est une sensation curieuse d'apprendre ça par la presse. Je suis rentré à Paris. Ce n'est qu'en septembre que le juge m'a inculpé officiellement. Il m'a demandé une caution de 3 millions de francs. Il m'a confisqué mon passeport, ce qui n'est pas très agréable. J'étais venu avec mon avocat, maître Georges Izard, qui était l'avocat de la famille depuis des années. Izard était absolument fou de rage. Il était outré. Il hurlait : « C'est un scandale ! » Ce juge me reprochait de dépenser mon argent en France et de ne pas y faire de déclaration de revenus. C'était de la mauvaise foi. Et pour cause. J'avais liquidé la société française dix ans plus tôt. Je travaillais entre New York et Genève, où je payais mes impôts en vertu de la convention fiscale de double imposition qu'avait signée la France. Rien de plus. Rien de moins. Mais le juge s'en moquait. Il réclamait ses trois millions et mon passeport. Izard s'est vraiment énervé. Il n'était plus tout jeune. Il était cardiaque. Il est alors rentré chez lui. Il a eu une attaque. Le soir même, il était mort.

Cela m'a collé un choc. Il avait été l'avocat de mon père. Je le connaissais bien. Je l'aimais bien.

La mort de Georges Izard a arrêté le juge pendant quinze jours : il n'y avait plus d'avocat. J'ai essayé de me retourner. J'ai demandé à droite et à gauche. Il me fallait un avocat international. J'ai finalement pris René de Chambrun, descendant de Lafayette, membre de la société des Cincinnati et mari de la fille de Laval. Il avait des idées politiques qui ne sont évidemment pas les miennes. Mais comme avocat, pardon : il a été extraordinaire. Il avait exercé à New York. C'était l'avocat de la famille Roosevelt. Il connaissait bien l'Amérique. Il connaissait tout. Et il s'est vraiment donné à fond. Pendant trois ans, j'ai été convoqué deux fois par semaine au Palais de Justice. Trois ans d'interrogatoires, avec le gars qui tape à la machine vos réponses. Trois ans sans pouvoir quitter le territoire. Je ne pouvais aller nulle part. Je ne pouvais plus travailler. Il y avait juste une pause de trois semaines en été quand le juge prenait ses vacances, mais moi je devais y aller quand même pour pointer ! Ils m'auront gâché la vie pendant trois ans. Trois ans ! Et, au bout du compte, j'entre dans le bureau du premier des juges, qui me dit : « Au terme de toutes les vérifications, nous n'avons rien à vous reprocher. Je vous donne un non-lieu. Je regrette sincèrement ce qui vous est arrivé... » Et il ajoute : « Nous avions des ordres. » Comme s'il s'agissait d'une surprise. Alors dans ces moments-là, on se dit : allez, on oublie tout, la vie est belle. Voilà ce qu'on se dit.

Et c'est alors que le parquet a fait appel. Là, j'ai cru que je devenais fou. Aujourd'hui, c'est monnaie courante. Mais, à l'époque, je devais être le premier à inaugurer la formule. Que l'Etat fasse appel de la décision d'un de ses juges, voilà une chose qu'on n'avait pas encore beaucoup vue... En seconde instance, le tribunal a confirmé le non-lieu. Mais Chambrun a repéré un vice de forme dans l'attendu. Il m'a dit : « Moi, personnellement, ça ne me suffit pas. Pour ces trois années de persécution, j'exige des dommages et intérêts. Je vais en cassation et je leur réclame 5 millions ! » Il était déchaîné. Alors nous avons été en cassation.

Je ne sais plus à quelle œuvre j'ai donné cet argent. Parce que l'Etat a été condamné pour avoir agi ainsi. Aussitôt après, certains de ces messieurs sont redevenus aimables avec moi. « Mais comment ? Vous avez eu des ennuis ? Ah bon ?... » Je dois également dire que dans cette aventure, les membres de l'Institut m'auront manifesté une solidarité totale. Ils ont été épatants. Tous.

Alors, vous allez me dire : et Malraux là-dedans ?

Je me souviens de ce que m'a sorti Malraux, à l'instant où mes ennuis ont commencé : « Oh, vous savez, de nos jours, on envoie la police à n'importe qui. » Il parlait pour lui... Franchement, je me suis longtemps demandé si ce type-là était d'une mauvaise foi totale. Ou s'il croyait vraiment à ce qu'il racontait, c'est-à-dire à ses propres hallucinations. Aujourd'hui, je pencherais plutôt pour la deuxième hypothèse.

Après le départ du général de Gaulle, André Malraux était venu s'installer à Verrières-le-Buisson, chez Louise de Vilmorin. Chez ma Louise. Ma compatriote. *« Ah, t'es mon pays, toi !... »* Louise m'avait dit : « Allez, Daniel. Viens à la maison. Je veux te présenter à Malraux. » Louise était bien plus qu'une vieille copine. Elle était ma famille. Les Vilmorin m'ont toujours accueilli chez eux comme un des leurs. Je ne pouvais pas ne pas y aller.

«La plupart de ceux qui m'admirent ne me comprennent pas. Votre père, lui, me comprenait. Il a compris ce que je voulais dire. J'ai toujours eu un immense respect pour votre père.» Ce sont les premiers mots que Malraux m'a lâchés. Il s'est mis à délirer sur papa. Et ça ne faisait que commencer. Parce que ensuite je l'ai revu souvent, Malraux. Et, chaque fois, il me parlait de mon père. Il ne me parlait *que* de mon père. En fait, il s'écoutait surtout parler de mon père. Mais c'était plus que bizarre. Comme s'il éprouvait le besoin de se rattraper, de se débarrasser d'un méchant traumatisme. Comme s'il ne pouvait exprimer son malaise qu'à travers un flot d'amabilités. Dès qu'il me voyait, la conversation tombait tout de suite sur mon père. Et je lui avais dit ce qu'il en était. Je lui avais dit que mon père l'avait sincèrement admiré, et depuis toujours. Malraux, c'est clair, exigeait qu'on l'admire. Il en avait besoin. Il le fallait ! Avec moi, il tombait plutôt mal. Parce que, entre nous, tout ce que Malraux a écrit sur l'art, c'est de la blague. Cela ne tient pas debout une seconde.

Je sentais bien que ça le ravageait, devant moi, d'avoir fait autant de mal à papa. Jusqu'à la fin, Malraux ne cessera de m'aligner les dithyrambes sur celui qu'il avait haï pendant quarante ans, alors que les deux hommes, je le répète, ne se sont jamais vus. Aujourd'hui, en évoquant ces étranges coulées de compliments, j'ai un regret. J'ai le regret de ne pas lui avoir dit tout simplement : « Et pourquoi n'avez-vous jamais adressé la parole à mon père ? »

Malgré l'amitié qu'il semblait me prodiguer, je n'oublierai jamais ce qu'il lui a fait...

La Pietà *de Michel-Ange*

Il faut que je vous parle maintenant de mon « ami »
Paul VI. Eh oui. Le métier de marchand d'art mène à
tout.

Voilà ce qui est arrivé.

Je connaissais plutôt bien Mgr Rodhain, prélat du
pape, qui venait assez souvent à la maison. Nous par-
lions de questions artistiques et autres. Mgr Rodhain
présidait alors *Caritas internationalis*, l'œuvre de charité de la Sainte Eglise romaine. Dans tous les pays, il
arrive parfois que des familles lèguent leurs tableaux
au Vatican. Ces œuvres sont destinées à être vendues
au profit des malheureux et des indigents. Dans les
années 1970, Mgr Rodhain m'a demandé un jour si je
voulais bien venir à Rome pour jeter un œil sur des
toiles qui venaient d'arriver. Me voici donc à Rome.
Mgr Rodhain m'introduit alors dans la Banque du
Vatican — c'est-à-dire *sous* le Vatican. La banque la
plus moderne que j'aie jamais vue de ma vie. Une ville
sous la ville. Comme dans un roman de science-fiction.
C'est formidable. Il faut voir ça. Une vraie fourmilière.
Des hommes derrière des ordinateurs. Des salles de
coffres immenses. On m'en ouvre une. On me montre
les cadeaux faits au Vatican. Pas terribles. Des tableaux
de deuxième ordre. Je le dis comme je le pense au
prélat... Puis nous remontons en surface. Mgr Rodhain
me lâche alors : « Le Saint-Père veut vous voir.

— Ah... Je suis très honoré, mais... il sait que je suis
juif, hein ?

— Oui, oui. Eh quoi ? Nous ne sommes pas antisé-
mites, ici », me dit-il en riant. Il me fait donc monter
dans les appartements particuliers du Saint-Père. Qui
m'attendait derrière un petit bureau de rien du tout...
J'en garde le souvenir d'un homme au nez pointu, gentil

comme tout avec moi, aimable, très intelligent et surtout très moderne. Il parlait le français avec un fort accent italien, mais ce n'était pas non plus Roberto Begnini !

Le Saint-Père me dit d'emblée : « Je suis heureux de vous rencontrer, monsieur Wildenstein. Je voulais vous parler. Vous êtes marchand d'art et j'ai besoin de vous. Avant d'entrer dans le vif du sujet, avez-vous une idée de la fortune en œuvres d'art que nous avons ici ? » La réponse à cette question dépasse l'entendement. C'est au-delà de l'imagination. On ne peut même pas appréhender un tel patrimoine. Ce n'est pas pensable. Entre les livres anciens, les manuscrits, les sculptures, les tableaux... Dans les coffres de la Banque du Vatican, vous avez les dessins de tous les artistes qui ont travaillé pour Jules II et pour les papes qui ont suivi. Des choses que personne au monde n'a jamais vues. Jamais. Les dessins préparatoires de Michel-Ange pour la chapelle Sixtine. Les dessins de Raphaël pour les *Stanze* : 10 millions de dollars le dessin, au bas mot... Je dois vous dire qu'on m'a entrouvert quelques cartons...

Le Saint-Père enchaîne alors : « Je voudrais maintenant vous parler de ma préoccupation majeure. La pauvreté dans le tiers-monde. Des gens meurent de faim, et nous renvoyons l'image d'un Vatican qui vit sur un trône d'or. Cette idée m'est insupportable. Il faut que l'Eglise montre qu'elle est prête à vraiment *tout* donner aux pauvres. Voilà pourquoi j'ai besoin de vous. Je veux vous confier une chose très importante à vendre pour nous. » Là-dessus, il me parle aussitôt de ma commission ! Je l'arrête tout de suite : « Rien. Je ne veux rien. Il n'en est même pas question. Pour l'Eglise, c'est gratuit. Mais de quoi s'agit-il ? »

Et j'ai le choc de ma vie.

Le Saint-Père me dit : « C'est la *Pietà* de Michel-Ange. »

Alors là...

Le chef-d'œuvre absolu. Le Christ mort et la Vierge. Six tonnes et demie de marbre. Ce qu'il y a de plus beau au monde... Je lui dis : « Je regrette sincèrement. Je dois vous répondre tout de suite : je ne le ferai pas. Je ne peux pas. Je ne veux pas participer à une telle opération. C'est un monument du patrimoine universel qui *appartient* aux murs de Saint-Pierre. Pardonnez-moi de vous le dire, mais j'ai l'impression que si vous faites ça, cela pourrait porter préjudice et même être très grave pour l'Eglise. » Il avait l'air un peu ennuyé, et en même temps je crois qu'il a apprécié ma franchise. Je n'y pouvais rien. C'était sorti du cœur.

Et j'ai même ajouté : « Vous imaginez ? Un juif vendant la *Pietà* de Saint-Pierre ? Mais je vais me faire crucifier !... » Avec un sourire, il m'a répondu : « Vous ne serez pas le premier. Cela a déjà été fait... » Le Saint-Père partait pour sa résidence d'été de Castel Gandolfo. Il me dit : « Me feriez-vous le plaisir de m'y rejoindre demain ? »

Je vais à Castel Gandolfo... Et, là, je vois des choses... D'abord, sur les murs, des collections de peinture italienne qui ont été léguées au pape par un cardinal américain. Des œuvres sensationnelles. Des toiles qui valent des fortunes... Ensuite, le Saint-Père me demande : « Vous voulez voir ce qu'on est en train de trouver dans le jardin, ici ? » Oui, oui... Dans le jardin, des gens étaient occupés à des fouilles. « Quand on a creusé, me dit le Saint-Père, on est tombé sur une cité étrusque... » Il m'entraîne alors dans le garage, où étaient entreposées des sculptures en bronze sorties du sol. Des personnages comme vous n'imaginez pas... Des choses comme il n'en existe pas... Le Saint-Père me dit alors : « Vous savez, monsieur Wildenstein, j'ai réfléchi cette nuit à ce que vous m'avez dit hier. C'est vous qui avez raison. Cela fera un effet contraire à ce que j'aurais voulu. » Nous avons marché un peu, et je me suis lancé : « Si vous voulez gagner de l'argent, il y a une solution. Il faut organiser des expositions qui se promèneront dans le monde entier : aux Indes, en Europe, en Amérique, en Asie. Des expositions itinérantes qui rapporteront des fortunes. Vous pouvez en faire mille avec ce que vous avez. Entre ce qu'il y a en haut et en bas de Saint-Pierre, on peut faire tout ce qu'on veut. » Le Saint-Père réfléchit et me répond : « Cela m'intéresse énormément... Pourriez-vous m'aider à monter ces expositions ? Qu'est-ce que vous suggérez ? Par quel pays commencer ?

— Le Japon. Je vais voir avec les Japonais.

— Le Japon m'intéresse beaucoup... Le Japon, c'est très important pour nous. »

Je dois avouer que j'ai eu tout à coup très peur à l'idée que des sculptures mythiques se cassent ou que des toiles immortelles s'abîment en voyageant. Les chefs-d'œuvre du Vatican ne seraient pas assurés ; cela aurait coûté trop cher et l'argent gagné devait bénéficier aux pauvres — pas aux assureurs. Je lui ai fait part de mon trac. Il m'a dit en souriant : « Ne vous inquiétez pas. Les Italiens sont des déménageurs hors pair. Depuis l'Antiquité, de la Grèce à l'Egypte, ils ont montré ce qu'ils savaient faire. »

Je suis retourné au Vatican à trois reprises. J'ai également parlé de ce projet à Maurice Schumann. Il était emballé. Il s'est proposé pour écrire la préface des catalogues de toutes les expositions à venir du Vatican...

Mais ces expositions n'ont pas eu lieu. Tout a capoté. Le Saint-Père est mort juste après, en 1978. S'il avait vécu encore un peu, aux quatre coins du monde, nous aurions pu montrer des merveilles absolument sensationnelles... Le successeur de Paul VI n'aura vécu que trente-trois jours. Puis il y a eu Jean-Paul II, qui n'a pas donné suite au projet. Cela ne l'a pas intéressé. Jean-Paul II avait d'autres préoccupations, plus politiques...

Daniel Wildenstein

Une famille de muets

Vers la fin des années 1970, un best-seller est sorti en librairie : *Provenance*, d'un certain Frank McDonald. Excellent titre pour un roman moitié à clefs, moitié fiction. Je ne me rappelle plus trop de quoi ça parlait, mais je sais que ça parlait de nous. Je me souviens d'un très beau portrait de mon grand-père, qui ne lui ressemblait pas du tout. Il y avait aussi des bandits corses, des tueurs nazis au Vatican, des trucs emmurés dans des grottes... Les lois du genre, quoi. Il était plutôt bien fait, ce bouquin. Il a joyeusement participé à la légende noire des Wildenstein et à quelques fantasmes divers, mais je dois dire qu'il avait une certaine tenue. Parce qu'il y en a eu d'autres... Il y en avait eu avant, et il y en a eu après. Je dois en avoir au moins huit ou dix, là-haut. Je les ai tous lus. Il y en avait un qui s'intitulait, je crois, *La Diseuse de bonne aventure*. Cela parlait de mon père et de Malraux. C'était très mauvais. Et puis il y a eu celui de l'autre, là, le gars qui jouait Lemmy Caution, Eddie Constantine. Vous n'avez pas lu *Le Propriétaire* ? Dès la première scène, je vais — car, là, c'est de moi qu'il s'agit —, je vais dans le box d'un cheval, la nuit, et je le pique avec un truc... Et le cheval,

c'est Allez France. C'était d'une bêtise... d'une connerie royale... Mais qu'est-ce qu'on peut dire de ce malheureux, hein ?... Que *Provenance*, c'était tout de
même autre chose.

Je vais décevoir. Je ne suis pas James Bond. J'en suis
le premier navré... Aujourd'hui, j'ai passé la main à mes
fils. Mais même si je ne m'occupe plus vraiment de la
maison, j'aimerais parler de ce métier comme si j'y étais
pour toujours. Un marchand d'art reste marchand
d'art, au fond de lui-même, jusqu'à sa mort. C'est un
état d'esprit.

Il y a quelques jours, on m'a envoyé cette chose totalement stupide qu'est le questionnaire de Proust. A la
question « Qu'est-ce que vous attendez de vos amis ? »,
ma réponse est néanmoins la suivante : la discrétion.
Après tout, est-ce qu'on demande à un médecin ou à
un dentiste de chanter sur les toits le dossier de ses
clients ? Pour un marchand d'art, c'est pareil. Je ne
peux parler que du passé. Les quelques histoires où il
y a prescription. Les histoires qui sont finies, celles où
il n'y a plus rien à ajouter... Mais si je vous dis : « Je
viens d'acheter une œuvre épatante à M. XYZ, lequel
possède encore trente tableaux du même tonneau », ce
monsieur XYZ va aussitôt avoir soixante marchands
sur les reins. Qui vont venir l'emmerder, lui. Et qui
vont venir m'emmerder, moi. C'est donc très simple.
On ne peut rien dévoiler. Cette espèce de secret est
d'abord lié au respect de l'autre. La vie privée d'un
client doit être la première des préoccupations d'un
marchand d'art.

Maintenant, il faut vous dire que, dans ma famille,
nous avons élevé la discrétion au rang de mutisme. On
ne parle pas. On ne raconte pas. On ne *se* raconte pas.
Nous avons toujours été terriblement secrets, et c'est
probablement un tort. J'en ai conscience. Ce genre de
comportement finit toujours par faire fleurir un bou-

quet de légendes parfaites. *Ils ont un... ou dix Ver-meer !* Ou bien : *Ils ont trois cents Seurat !* Ou encore : *Ils ont des trucs rares cachés dans des caves !...* Dites-vous bien que j'ai tout entendu. J'ai *tout* entendu. Mais un marchand à peu près sain d'esprit ne peut ni confirmer ni infirmer toutes ces âneries. Il n'a pas le droit de parler de son stock. C'est impossible. Le stock, c'est le nerf de la guerre. Pourquoi ? Parce que c'est du rêve. Tout marchand d'art se doit d'entretenir l'illusion des chefs-d'œuvre qu'il détient ou qu'il ne détient pas. Son stock se doit d'être mythique et mystérieux, afin de faire réfléchir le client qui va faire un achat ailleurs. Qu'il se dise : « Du calme. Pas de précipitation. Wildenstein a sûrement mieux que ça... »

En vérité, nous avions un Vermeer du temps de mon grand-père. C'est le seul que nous ayons jamais eu... Il faisait vingt centimètres sur quinze. Il dormait dans un petit coffre-fort, que Nathan avait dans la pièce d'à côté. Il était beau. Ce n'était pas non plus le plus magique de tous les Vermeer. On peut le voir aujourd'hui à Washington, à la National Gallery.

Et quoi d'autre ? Nous avons eu quatre Léonard de Vinci, dont un chef-d'œuvre vraiment sensationnel : la *Ginevra de Benci*. Nous l'avions acheté au prince de Liechtenstein. Il a été vendu lui aussi à la National Gallery. Sur ces quatre Vinci, il nous en reste un. Nous l'avons depuis longtemps. C'est une Vierge avec le Christ à ses côtés : la *Madone au fuseau*. Un très beau tableau. C'est Nathan qui l'avait acheté. Quand il l'a acquis, il n'était pas attribué à Léonard. Il ne l'est que depuis trente-cinq ans. Nous en avons trouvé les preuves chez la reine d'Angleterre. On a identifié des dessins préparatoires... D'ailleurs, depuis, cette Vierge est de toutes les expositions Vinci. Vous me direz : il n'y en a pas eu tant que ça... C'est un tableau très intéressant, que Léonard a fait deux fois. L'autre est dans une famille anglaise depuis des siècles. Mais c'est quand même le nôtre qui est le meilleur des deux.

Cela dit, un marchand digne de ce nom doit toujours vouloir celui qu'il n'a pas. Quel tableau j'emporterais avec moi sur la Lune ? Un tableau que je n'ai pas. *Tous les tableaux* que je n'ai pas. Un marchand doit être un mégalomane et un grand rêveur. Si vous ne rêvez pas, vous ne faites pas ce métier. Moi, je voudrais tout avoir. Un marchand veut tout. Sinon, ce n'est pas un marchand. C'est même une chose désagréable à confesser. Cela revient à confesser ses frustrations. Lesquelles sont aussi très aléatoires. Je me souviens d'un tableau, à la National Gallery, qui m'en aura bien fait baver : la *Vénus Rokeby* de Vélasquez. Celui-là, je peux vous dire que j'étais frustré de ne pas l'avoir. Jusqu'au jour où cette malheureuse femme nue de Vélasquez a été nettoyée par un gougnafier. Elle a perdu une partie de la peinture et tout le charme qu'elle avait pour moi. C'est triste. Mais ma frustration s'est évaporée à l'instant même.

J'admire le collectionneur qui est fier de sa collection. Un vrai marchand ne peut pas être fier de ce qu'il a. Ni fierté ni gloriole. C'est impensable. Etre fier de quoi ? Un marchand d'art a des plaisirs immédiats, qui arrivent les uns après les autres. Des instants de bonheur, aussi. Une toile nouvelle, c'est comme un bébé dans nos mains... Mais il n'y a pas que ça. C'est le seul métier au monde où on s'émerveille tous les jours. Par exemple, on vient de me faire un immense plaisir en m'apportant les papiers de Maurice Joyant : les inventaires du marchand. C'était le gars de Lautrec. C'est lui qui a *fait* le musée d'Albi... Moi, je peux passer des heures et des semaines là-dedans... C'était en 1898. Il y a juste un siècle. Lautrec vivait chez sa mère, qui lui répétait : « Tu me coûtes trop cher ! »... Quand Lautrec vendait un tableau à Joyant, la mère envoyait un type au marchand pour passer à la caisse. Tenez. Il n'y a qu'à lire : 1 900 francs pour la mère et 500 balles pour Lautrec... C'est poignant. C'est formidable. C'est le frisson. Vous avez l'impression d'y être. D'être avec lui. De partager quelque chose que vous retrouvez dans sa peinture. Ce drame... Le rapport de la mère et du fils... Il y a même le nom du gars qui vient chercher l'argent.

Et dans « ces papiers Joyant », on voit un Lautrec qui recherche la perfection. On apprend qu'il peignait cinq tableaux avant de remettre une lithographie. Après, les tableaux étaient parfois vendus ou détruits... Mais on le voit surtout qui cherche, qui cherche, et puis qui trouve. C'est merveilleux. C'est le génie d'un peintre.

Les choses ont changé

J'ai été « élevé » marchand de tableaux par mon grand-père et par mon père dans les règles d'un métier tel qu'il existait depuis cent ans. En quoi consistait ce métier ? A acheter des tableaux à des successions, à des gens qui les avaient dans leur famille depuis vingt, cinquante, voire trois cents ans. Nous les vendions à des amateurs, à des amoureux de la peinture, qui se réjouissaient de les posséder et d'en profiter le plus longtemps possible.

C'est fini. Ce n'est plus le même métier. Les choses ont changé. Le rapport au temps. Le rapport à l'œuvre. La vitesse de rotation des tableaux. Tout a changé et tout change encore. Tout. Le marchand. L'artiste. Le client. Je me souviens de ce que disait Berenson, un peu avant sa mort, à la fin des années 1950 : « Nous étions des *picture dealers*. Voici venir le temps des *picture brokers*... »

Tout ça a commencé dans l'après-guerre, à une époque où les Français cachaient leur argent dans des lessiveuses. Un argent qui n'était pas toujours justifiable... Un peu de marché noir... Un peu de spéculation sur l'or... Quelques trafics en tous genres... Quand de Gaulle a changé la monnaie, certains ont pris peur. Ils sont arrivés chez les marchands d'art avec du *cash* : ils sont repartis avec des tableaux. C'était à la fois une façon de blanchir cet argent et de se garantir. De leurs espérances spéculatives, qui étaient par ailleurs justifiées, un nouvel amateurisme en art est né. Entre ces années 1950 et 1970, la mentalité a donc changé. Le moteur n'était plus le bonheur exclusif d'une collection, mais la considération d'une valeur refuge sur un bien spéculatif. En un mot : de la Bourse. Les tableaux devenaient des actions. Et les marchands, des agents de change.

Dans ce contexte, pas mal d'acheteurs vont passer marchands. Tel médecin, qui avait acheté quantité de tableaux, ouvrait une galerie et il y mettait sa petite amie... On a ainsi vu s'ouvrir des centaines et des milliers de galeries. C'est sur ce terreau, dans la seconde moitié des années 1970, que la grande cavalerie a commencé. Elle a culminé dans les années 1980. De la Bourse, nous sommes passés au casino. Au sweepstake !

Les toiles n'avaient plus guère de valeur artistique. Elles n'avaient plus qu'une valeur commerciale. Entre janvier et février, les prix grimpaient de 20 pour 100. Un Pissarro qui valait 600 000 francs en 1980 partait à 5 millions en 1988. Un client à qui vous aviez vendu un Lautrec en 1980 vous le rapportait trois ans plus tard, en vous disant : « Vendez-le-moi. C'est le bon moment. » Des mots que je n'avais jamais entendu auparavant... La rotation des œuvres s'accélérait. Elle s'emballait carrément. C'était ahurissant. Les clients ne gardaient plus leurs toiles comme autrefois. Jadis, seule la mort d'un collectionneur remettait ses œuvres sur le marché. Maintenant, vous aviez des types qui achetaient une toile le lundi, et qui la bazardaient le mercredi. Tout se vendait.

Dans ce chaos, certains en oubliaient la différence qui existe entre un mauvais tableau et un très grand tableau : le mauvais restera toujours mauvais. Dans l'œuvre de Renoir, vous avez peut-être 400 très belles toiles pour 5 600 tableaux ! Et c'est comme ça pour chaque peintre. Pour Cézanne, il y a 200 tableaux merveilleux, et puis vous avez les 1 300 autres qui le sont beaucoup moins... Mais, à ce moment-là, tout partait... Des trucs.... Ce qu'on appelle pudiquement des « œuvres commerciales ». C'est quand le peintre, après un grand tableau, décline le système de ce tableau jusqu'à la corde. Il l'essore jusqu'à épuisement des clients. Pour ça, Picasso était très fort. Il disait : « Il y a de la demande. Voilà ce que les gens veulent. Alors allons-y ! » Et il y allait. J'avais parfois un peu honte pour lui, il charriait sur les bords, mais celui-là, quand il avait du génie, il en avait vraiment...

Dans le genre épicier, un peintre restera imbattable : Chagall. Alors, lui, si vous l'aviez entendu... Il était très drôle. Vraiment drôle. C'était Popeck. Comment faisait-il ? Vous ne pouvez pas imaginer... Il disait : « Celle-là, elle veut une grande croix ? Elle va l'avoir. Je vais lui en mettre une immense... Un violoniste... Une croix... Une vierge... Et tout ça suffira amplement ! » Il s'en foutait complètement, et c'est souvent moche, même s'il a par ailleurs fait des choses meilleures et plus honnêtes. Pour mon père, Chagall était la négation même de l'art. Il était le cynisme incarné. Mais, dans les années 1980, ces Chagall se vendaient très bien. Aux quatre coins du monde, n'importe quoi se vendait très bien.

Cette folie universelle est allée crescendo, et puis d'un coup, début 1991, tout s'est écroulé. La panique. Chacun remettait en vente ce qu'il avait, comme si c'étaient des titres. Et les titres s'écroulaient. Même les chefs-d'œuvre ont pris une claque : ils ont lâché entre 10 pour 100 et 20 pour 100. Les mauvais tableaux, eux, ont bu la tasse : ils ont perdu entre 40 pour 100 et 60 pour 100. Quant à l'art moderne... Pour la peinture, dans l'ensemble, cette crise aura été pire que celle de 1929. On a ramassé beaucoup de cadavres...

J'ai regardé ça avec un drôle de sentiment. J'avais — j'ai ! — l'impression d'être un dinosaure. Le dernier de l'espèce. Parce que la philosophie qu'on m'a enseignée, c'est quoi ? C'est rechercher le meilleur du peintre. C'est l'acheter au mieux. C'est le garder. C'est en profiter. C'est le temps et c'est la rareté. C'est la durée et c'est le stock. A l'arrivée, c'est parfois souffrir comme un malade au moment de vendre. Mais c'est aussi acheter des tableaux pour vos arrière-petits-enfants, qui les vendront peut-être dans cent ans... Bref, voilà une philosophie qui est l'antithèse de tout ce qui vient de se passer et de tout ce qui se passe aujourd'hui. Cela dit, c'est peut-être aussi pour ça que nous n'avons pas connu des situations graves : durant cette crise, nous avions les seuls tableaux qui pouvaient se vendre... Par ailleurs, depuis les années 1960, il nous avait fallu trouver de nouveaux amateurs qui soient d'authentiques collectionneurs. Des amoureux prêts à garder les tableaux. Qui ne les remettent pas sur le marché dès la semaine suivante. Des gens qui *aiment ça*. Alors, oui, nous en avions trouvé. Nous avions trouvé des passionnés comme Florence Gould. En voilà une qui aimait vraiment ça...

La crise n'a calmé personne. Et personne n'est parti pour se calmer. La spéculation continue. La rotation des œuvres continue. Et on ne s'intéresse qu'aux mêmes peintres. A ceux qui sont à la mode. C'est la mode qui dirige tout. Picasso est à la mode ? Envoyez les Picasso ! Et on vend des petites saloperies de Picasso à des prix défiant toute concurrence. Je ne sais pas quand ça s'arrêtera. C'est grotesque : il y a des Picasso sensationnels, et puis il y a de la merde... Pendant ce temps, qui s'intéresse encore aux paysages merveilleux de Jules Dupré ? Personne. Après tout, dans son genre, il a fait aussi bien que les impressionnistes et dix ans avant. Mais tout le monde s'en moque. Il n'est pas à la mode, Jules Dupré : cela sent un peu le vieux schnock de Barbizon, non ? Eh bien, ce n'est pas le cas. C'est un très bon peintre. Mais vous ne pouvez pas, à moins d'être Dieu le père, faire revivre un mort. Ce n'est pas difficile : c'est impossible. Autrefois, c'était envisageable. Vous n'aviez pas les médias qui vous bombardaient au jour le jour avec la cote des peintres. Aujourd'hui, si l'artiste n'est pas *dans* la mode, on n'en parle pas. Et si on n'en parle pas, personne n'en veut. Les analystes boursiers sont formels. Seule la mode est cotée. Donc, ce peintre n'existe pas... Et tant qu'on est dans le sujet, j'avoue que je suis épaté par la teneur des articles ayant trait au marché de l'art. Dans les mêmes quotidiens, et cela arrive de plus en plus souvent, vous trouvez deux articles. Un pour vous dire que la vente Dora Maar a été un succès. L'autre pour vous affirmer que ce n'était pas terrible. Il faudrait peut-être qu'ils se mettent d'accord. En même temps, c'est un symptôme. C'est à l'image des analystes qui écrivent sur la cote des peintres. L'un vous dira que ça va grimper. L'autre vous jure que ça va s'écrouler. Tout et le contraire de tout, sur la même page. C'est magnifique. Voilà où nous en sommes.

Tous les matins, au réveil, je me dis : « Combien de temps allons-nous durer ? » Je ne parle pas de moi. Je parle du métier que j'aime. Tel que c'est parti, je lui donne vingt ans pour disparaître. J'espère vraiment me tromper. Je ne me fais aucune illusion, mais il faut toujours garder un fond d'espérance.

Il y a quelques années, aux Etats-Unis, j'ai acheté la moitié de la galerie Pace. C'est la plus importante galerie d'art américain. D'art contemporain. Elle s'appelle aujourd'hui PaceWildenstein. En pénétrant chez Pace, je suis entré dans un autre monde... Depuis Warhol et toute la bande, c'est un monde où c'est l'artiste qui est le marchand. Alors, à l'arrivée, cela donne quoi ? Dans ces galeries, vous avez toute une écurie de peintres, mais aucun d'entre eux ne vous vend un tableau. C'est pas beau, ça ? Vous vendez les tableaux, mais vous ne pouvez pas les acheter. Vous n'êtes que l'intermédiaire entre l'artiste et le collectionneur. Ce sont des contrats de distribution. *C'est* de la distribution...

Aujourd'hui, chez Pace, nous avons quand même quelques tableaux... une petite partie... Au début, chez Pace, j'ai sûrement dû leur raconter quelques vieilles histoires... Qu'est-ce que vous voulez... On essaie de leur apporter la *philosophie*... Mais c'est difficile... Et pourtant c'est simple. Je dis : quand un grand collectionneur claque et que la succession vend, s'il y a un très beau Schnabel ou un magnifique Qui-Vous-Voulez que l'on connaît bien puisque que c'est nous qui l'avons vendu, eh bien on l'achète. On achète le meilleur. C'est tout. C'est simple. On l'achète. On le garde en stock. Et on attend.

Je dois dire que c'est plus facile à dire qu'à faire quand l'artiste est encore vivant. L'artiste vivant ne cesse de hurler que tout ce qu'il a fait dans le passé n'était rien que de la merde, et que seul ce qu'il fera demain sera grand et génial. Il intoxique tout le monde. C'est impossible de lutter contre ça. Ce qui m'amène à vous parler de choses qui m'ont *stupéfié*...

Les clients... Ils veulent un tableau d'un artiste. Ils

veulent même souvent un tableau de chaque artiste. Alors ils réservent... Ils réservent les tableaux *à l'avance* !

C'est faire une collection de timbres, ça... Ce n'est pas une collection de tableaux. C'est le timbre à 10, le timbre à 20, le timbre à 30 qu'on réserve au bureau de poste... Ce sont les vins primeurs... Les clients achètent des tableaux *qui n'existent pas*... Les clients achètent un tableau qui n'est *pas peint*... Ils ont réservé... Ils sont en ligne pour prendre les tableaux, au fur et à mesure que l'artiste les tombe... L'artiste en tombe douze. Vous prenez la liste des réservations, et vous servez dans l'ordre, comme ça vient. En général, vous en avez toujours un ou deux qui se défilent. Non pas qu'ils se réveillent à la dernière seconde ; en général, c'est plutôt qu'ils ont fait de mauvaises affaires en Bourse. Aucun problème : il y a quatre clients sur la liste d'attente. Vous irez donc jusqu'au numéro 14 et même jusqu'au 16... En gros, voilà. C'est comme ça que ça se passe. Parce que, en Amérique, le marchand a été entièrement bouffé par l'artiste moderne, qui est certes bien plus intelligent que la plupart de ses illustres prédécesseurs... Mais cela a changé beaucoup de choses. Et même cela change tout. Pour moi, le métier et le devoir d'un marchand, c'est d'essayer d'avoir une influence sur le collectionneur. Maintenant, allez donc conseiller à un type l'achat d'une œuvre qui n'existe pas. Parce que même le plus grand des génies, je le rappelle, n'est pas un dieu vivant : il peut aussi vous livrer une immondice... Bref, pour vendre, il faut être fort. Il faut avoir un sacré *bullshit*, comme ils disent. J'en parle souvent le soir avec un de mes petits-fils, qui s'intéresse à l'art moderne. Sur l'art moderne et le *bullshit*, nous partageons le même avis. Au client, on peut dire absolument n'importe quoi, mais à une condition. Faire simple. Des phrases simples. Ne pas dépasser la philosophie de cuisinière.

Les gens achètent aujourd'hui des tableaux « inexistants », des œuvres virtuelles, et c'est une tendance universelle qui envahit l'art sous toutes ses formes. On vend de nos jours des jeux électroniques qui vous invitent à une « visite » du Louvre, des trucs qui vous convient à la « découverte » du Louvre. Vous allez me trouver rétrograde, mais les mots *visite* et *découverte* me font doucement rigoler. Pour moi, la seule façon de visiter le Louvre, c'est d'aller au Louvre. Parce que, au Louvre, il y a les tableaux. M. Gates peut vous mettre tous les musées du monde sur Internet, vous n'y trouverez pas les tableaux. Et c'est dangereux, son machin... C'est une imagerie qui vous coupe de l'art. Du plaisir de l'art. Un tableau, ça n'a rien à voir avec ce qu'il y a sur l'écran. Puisque sur l'écran il n'y a rien à voir. Rien. Vous ne voyez pas la pâte. Vous ne voyez pas l'écriture du peintre. Vous ne voyez pas sa calligraphie. Vous ne voyez pas le génie du bonhomme qui a fait ça. Désolé. Il n'y a *qu'une* façon de comprendre et *qu'une* façon d'aimer la peinture : c'est de la voir. Moi je veux voir un tableau. J'ai envie de le toucher. J'ai envie de l'avoir. Je me trompe peut-être, mais je vous le dis comme je le pense. Pour moi, visiter un musée sur Internet, cela n'a aucun intérêt. C'est zéro. Autant réciter les *Fables* de La Fontaine en anglais à un Papou.

Un tableau qui défile sur un écran, ce n'est pas de la science-fiction, c'est de l'art-fiction. L'art-fiction est en marche, et le rapport au temps se rétrécit. Chez nous, le temps est la seule vérité. C'est la clef. Un chef-d'œuvre restera un chef-d'œuvre pour des siècles et des siècles. C'est la philosophie de la maison. Cent ans ou deux cents ans, quelle importance ?... En art, le temps n'a aucune espèce d'importance. Les êtres humains pensent un peu trop vite qu'ils vivent le moment le

plus créatif et le plus capital de l'histoire du monde.
Mais parlez-moi de Bill Gates, et moi je vous parlerai
de Lascaux.

En tant que membre de l'Institut, j'ai eu le privilège
de visiter la grotte. Comme chacun sait, le public ne
peut plus y entrer puisqu'ils ont décidé que la respira-
tion des visiteurs abîmait le patrimoine... Ils ont inventé
ça ! A dix kilomètres de là, ils ont également inventé
une réplique de la grotte. Pourquoi à dix kilomètres ?
Allez savoir... S'il s'agissait d'une affaire de vertu édu-
cative, on aurait sûrement dû l'installer aux Champs-
Elysées. Comme ça, sans se déplacer, plus de gens
pourraient la voir, non ?... Mais voir quoi, au juste ?
Moi, je suis allé dans les deux. J'ai d'abord pénétré
dans la grotte de Lascaux, la vraie, la bonne. Et, là, j'ai
été enchanté. Il est difficile de ne pas l'être. C'est inouï
à quel point le temps et la beauté vont bien ensemble...
Et puis après je suis allé dans l'autre. Je suis entré dans
la copie... Cela n'a aucune valeur pédagogique. Aucune
beauté. Aucun sens. La copie, ce n'est rien... C'est nul,
quoi. On essayera évidemment de vous faire croire le
contraire, mais ce truc a autant de valeur que les petites
images de Bill Gates. Alors, autant le mettre chez Bill
Gates. On est assis et on regarde. On regarde quoi ?
Rien.

La Super-Timbale

Nous basculons dans le XXIe siècle, et demain le marchand pourrait potentiellement être remplacé par une
machine à sous. Nous n'en sommes pas loin. Nous y
sommes presque. Le Bellagio a ouvert ses portes à Las
Vegas. Un casino-musée dans le désert... Il fallait y penser. Steve Wynn l'a fait. Et je dois dire que, là, on a
franchi une étape.

En trois ans, Steve Wynn a acheté pour 300 millions de dollars de tableaux. De très, très beaux tableaux. Il est passé voir mon fils Guy, à New York. Il est également venu me voir à plusieurs reprises. Voilà un homme sympathique et tout sauf idiot. Un pur juif américain dont le père s'appelait Weinberg. Il a une maladie des yeux très rare. Il a ce qu'on appelle une « vue en tunnel ». Il ne voit pas de côté. C'est comme s'il avait des jumelles à la place des yeux. Quand on lui présente un tableau, ce n'est pas pratique : il faut qu'il l'ait en face de lui, et très éclairé. A New York, nous lui avons vendu un magnifique Monet. Un *Bassin aux Nymphéas avec pont*. Le plus formidable de tous. Il n'y a qu'un *Bassin* qui soit aussi bien que celui-là. Il appartenait à Mme Marcos. C'est moi qui lui avais vendu, et je ne sais d'ailleurs plus où il est aujourd'hui.

La collection de Wynn démarre avec les impressionnistes et va jusqu'à Picasso, Matisse, Pollock et Cie... Wynn s'est adjoint le concours d'un grand nom : Edmund Pillsbury. Un merveilleux spécialiste de la peinture italienne... Cela dit, Wynn est en train de virer sa cuti. Aujourd'hui, il se met à acheter des tableaux anciens. Il vient de s'offrir un très beau Rubens et un non moins superbe Rembrandt. Peut-être va-t-il devenir un autre Richard Wallace ?... Au début, Steve Wynn a commencé par acheter des tableaux à 5 millions de dollars. Ensuite, il est allé jusqu'à 40 millions de dollars. Et même jusqu'à 60 millions de dollars. Un très beau Monet vaut quoi ? Pas tant que ça. Cela vaut entre 15 et 20 millions de dollars au maximum.

Wynn m'a dit : « Le jeu est immoral, mais la culture ne l'est pas. » Je lui ai demandé : « Et alors, quoi ?... On va jouer les tableaux ? » Il m'a répondu : « Non. Ce sera comme dans un musée. Les tableaux seront dans des salles... » Il a néanmoins ajouté : « Peut-être qu'un jour nous dirons aux clients qu'ils peuvent les

acheter... Pourquoi pas ?...» Le casino marchand.
Nous y voilà. On y arrive.

C'est plus que probable. Après tout, il y a des gens
qui jouent des sommes folles, des millions de dollars,
et il n'est pas exclu qu'un gros gagnant préfère partir
avec un Picasso plutôt qu'avec une ligne de crédit.
Mais, là, on entre dans un autre système. Le Casino de
l'Art. La Grande Loterie. La Super-Timbale. On peut
— aussi — légitimement penser qu'un jour, quand on
décrochera les trois cerises, c'est-à-dire les trois Monet,
on emportera le *Bassin aux Nymphéas*. Il va de soi que
la machine à sous aura été réglée de façon à faire cra-
cher deux fois le prix du *Bassin* avant que ne sortent
les trois Monet... C'est vrai que je fais un cauchemar
éveillé, mais l'argument est déjà là : « Jouez vos 5 dollars et décrochez un méga chef-d'œuvre de Monet ! »
Le casino marchand peut lui seul donner une telle
espérance. Le marchand ne peut pas la donner. Vous
pouvez toujours leur dire : « Cette toile vaudra plus
dans dix ans... » Mais *plus* par rapport à quoi ? A 5 dollars ? A un coup de chance ? C'est de la fiction, me
direz-vous. Peut-être... Pour moi, c'est l'allégorie de
tout ce qui s'est passé ces vingt-cinq dernières années.
Le rapport à l'art et au plaisir de l'art a été occulté par
le rapport au jeu...

L'adieu à Zeri

Je viens de perdre un bon ami à moi. Zeri. Federico
Zeri. J'ai eu beaucoup de peine. J'adorais Zeri. Il était
devenu notre expert pour la peinture italienne à la
mort de Berenson. C'était un Italien merveilleux, d'une
drôlerie épatante, qui n'était pas intéressé par l'argent.
Il s'en moquait. Quand il a été nommé *trustee* du
musée Getty, je me souviens encore de ce qu'il m'a

dit : « Vous ne me donnerez plus rien. Vous aurez toujours mon aide et mes modestes conseils... » Voilà un homme qui a réussi à se faire détester par presque tout le monde. Il a même trouvé le moyen de se faire virer du musée Getty. Il leur a dit qu'une statue grecque qu'ils achetaient était un faux. Qu'il ne fallait surtout pas y toucher. Et il est allé le crier sur tous les toits. On l'appelait l'Œil. Je dirais plutôt : le Nez. Quand il affirmait que tel marbre grec ancien n'était pas si grec ni si ancien que ça, on pouvait être sûr d'une chose : dans les deux mois qui suivaient, des pêcheurs remontaient de la baie de Naples la main manquante de la statue... Je lui demandais : « Et comment le saviez-vous ? » Il me répondait : « Je ne le savais pas. Je le sentais. »

Zeri était un bonhomme universel. A tout moment, il pouvait vous faire l'état des fouilles archéologiques du monde entier. Il aimait le cinéma. Il aimait la politique. Il aimait surtout les voyages. Il avait des rhumatismes épouvantables dans les jambes : il fallait qu'il s'appuie sur une canne, mais il y allait... Il allait partout. Il allait à Tachkent, à Samarkand... Il entrait dans des maisons anonymes et pourries pour y faire des découvertes fantastiques. Ensuite, il vous les faisait partager. C'était un conteur fabuleux. Un conteur né.

J'ai eu la joie de lui procurer un grand plaisir en le faisant entrer à l'Institut. Il était heureux. Content. Je crois que ça l'avait rassuré... Il venait déjeuner à la maison une fois par mois. Il me faisait mourir de rire. Il n'y avait qu'un sujet sur lequel il fallait lui demander de se calmer un peu : le pape. Il haïssait toutes les religions, et le pape en particulier. Sur le pape, il pouvait vous inventer cinquante histoires en direct, aussi lamentables les unes que les autres. Il le mettait à toutes les sauces. C'était plus fort que lui.

Après sa mort, j'ai parlé avec sa bonne au téléphone.

Zeri n'avait qu'elle. Il n'avait pas de famille. J'ai donc demandé à la bonne à qui il avait pu donner ce qu'il avait. Il possédait la plus belle bibliothèque d'art qui existe en Italie. Il avait également des sculptures superbes. Elle m'a dit qu'il avait tout donné à Bologne et à Bergame. L'université et le musée. Il a très bien fait. Et la bonne a ajouté : « Il a aussi laissé quelque chose au Vatican. » Je dois dire que j'en suis resté ahuri. J'ai balbutié : « Mais quoi ?... Qu'est-ce qu'il a laissé ? Une bombe ? » Et ce qu'elle m'a dit m'a procuré un immense plaisir... Zeri a légué au Vatican un manuscrit ancien, une chose très rare : un livre sur les turpitudes des papes ! C'est génial. C'est très bien. C'était son dernier pied de nez. Et puis il est parti.

On peut se tromper

Cela m'amène à parler des experts. Et qu'est-ce qu'un expert ? C'est quelqu'un qui, en principe, connaît un très grand nombre de tableaux. Qui possède « quelques » photographies : Zeri en avait plus d'un million concernant les tableaux italiens. Et c'est aussi quelqu'un qui fait, de temps en temps, des certificats sur des tableaux inconnus. Ou mal connus. Ou très connus : et là, c'est pour démentir ce que les autres ont dit. En général, plus on crie qu'un chef-d'œuvre est faux, et plus on se fait remarquer. C'est une façon de se faire « connaître »...

Il est plus difficile de dire oui que de dire non. Et il faut savoir que les grands experts ne disent jamais oui. Les vrais experts n'affirment jamais. Zeri n'a jamais écrit : « Je certifie que ce tableau est de machin. » Au dos de la photo, il écrivait : « Je *pense* que ce tableau est *peut-être* de machin. » C'est un avis. Il y a une nuance... En tout cas, sa signature et ces mots représentaient plus de 80 pour 100 de la valeur du tableau. De même pour Berenson. Lui, s'il ne rédigeait pas le papier, c'était même carrément invendable... Berenson et Zeri se sont trompés, eux aussi, bien sûr, mais ils se sont trompés un peu moins souvent que les autres... Un expert qui ose prétendre ne jamais se tromper, déjà j'éclate de rire. Je vous ai peut-être parlé du Dr Cooney ? Cooney était conservateur au Brooklyn Museum, dans les années 1950. Pour les antiquités égyptiennes, il était le meilleur de tous et de très loin. Je lui avais dit : « Mon cher Cooney, je ne comprends rien à vos trucs... Je suis incapable de distinguer le vrai du faux. » Il m'avait répondu : « Vous pouvez être aussi fort que moi. Ce n'est pas compliqué. Chaque fois qu'on vous montrera quelque chose, vous direz *c'est faux !* » Et il a ajouté : « Vous ne vous tromperez qu'une fois sur cent. »

Il y a des centaines et des milliers d'experts dans tous les pays. N'importe qui peut être expert. Il suffit de le dire. Vous en avez des honnêtes et des malhonnêtes. A quoi ressemble un expert honnête ? A un type qui regarde la toile ou l'objet, et qui ne livre pas toujours une réponse instantanée. Il ne donne son avis que quelque temps après. Il étudie la toile ou l'objet par rapport à d'autres œuvres analogues. Un expert honnête, ça ressemble à quelqu'un qui doute.

Et finalement, le meilleur expert, c'est peut-être le marchand. Pour une raison simple. S'il se trompe, c'est son fric qui y passe. Alors il doit faire attention. Face à une toile, il ne doit pas avoir honte de douter. Je ne parle pas des œuvres dont vous connaissez le parcours, depuis l'origine jusqu'à nos jours. Ni des peintres dont on connaît *presque* tous les tableaux. Il n'y en a pas tant que ça.

On peut se tromper pour de nombreuses raisons, et se tromper dans les deux sens. D'abord, beaucoup de tableaux ont été copiés. Ensuite, il y a les faux. Mais, au-delà des copies et des faux, il y a des toiles devant lesquelles on éprouve parfois un léger vertige. Les couleurs de la toile qu'on vous apporte sont fausses, et il s'agit de deviner que la toile est authentique. On peut très bien avoir changé la couleur d'un tableau pour qu'il soit plus plaisant. Plus facile à vendre. C'est ce qu'on appelle *faire chanter* un tableau. Il faut alors le nettoyer. Les couleurs fausses s'en vont, et les vraies restent. Ce procédé n'arrange pas la toile, mais enfin... Cela pour dire qu'il ne suffit pas de connaître : il faut regarder.

Pour se vendre, les tableaux sont accompagnés de certificats d'experts. Ils sont agréés, la plupart du temps, par le gouvernement. Experts auprès des ventes, auprès des tribunaux, auprès des douanes, auprès de ceci et auprès de cela... Par définition, voilà des gens qui savent tout sur tout. Des experts en tout. Ils en ont de la chance... Depuis les origines jusqu'à nos jours, il existe un océan de peintres et de tableaux aussi différents les uns que les autres ; eh bien, vous avez des gens qui sont prêts à vous donner un avis sur tout. C'est une aberration. Que valent ces avis ? Rien. Ils gagnent leur vie, quoi.

Il faut donc se méfier, c'est sûr, et de tout. Vous regardez d'abord si votre tableau figure dans un catalogue raisonné, à savoir l'œuvre reconnue et cataloguée de l'artiste en question. En principe, s'il est dedans, il n'y a pas de souci à se faire. On ne peut pratiquement pas se tromper. Quand je dis *pratiquement*, c'est qu'on peut se tromper quand même. Tout catalogue peut avoir ses erreurs, ses incertitudes, et il faut étudier les origines du tableau de très près. Il faut voir depuis combien de temps on le connaît. S'il était connu du temps du peintre, vous n'avez pas de bile à vous faire... Mais alors pourquoi peut-il y avoir des erreurs ? Parce que quand nous cataloguons les tableaux, il y en a que nous n'avons jamais vus. Vous pouvez avoir la photo d'un Manet en noir et blanc ; vous pouvez avoir trouvé la preuve dans les archives d'Emile Zola que ce Manet lui appartenait ; donc, vous le mettez dans le catalogue. Mais qui a vu le tableau ? Pas moi. On ne sait pas où il est. Et tant qu'on n'a pas vu le tableau...

Il y a aussi des tableaux qui ont été vus, mais pour lesquels il n'existe aucune reproduction. J'ai lu dans un vieux journal, par exemple, qu'à la cinquième exposition impressionniste il y avait un Sisley qui avait tel titre et qui mesurait tant... Ah ? Et où est la photo ? Impossible de mettre la main dessus. Je suis néanmoins forcé de le mentionner et d'écrire : « Localisation inconnue. » A quoi il ressemble ? Je n'en sais rien. Aucune trace. Et tant qu'on n'a pas vu le tableau...

Pour Monet, je n'ai pas besoin d'expert. Pour Monet, c'est moi. Monet, Manet, Gauguin : je n'ai besoin de personne. Et pour Degas ou Renoir, j'en ai tellement vu que je suis pratiquement sûr... En vérité, les impressionnistes, je les connais plutôt bien. C'est un peu ma vie qui a fait que je suis devenu familier de ces peintres. J'en ai vu de telles quantités chez Vollard, chez Durand-Ruel, chez Bernheim-Jeune. Et quand ces gens-là parlaient d'une toile, croyez-moi, ils savaient en parler... Mais pour un tableau italien du XVe siècle, même si je le trouve bon et beau, je ne suis certain de rien. Et, alors, j'ai besoin de l'aide d'un expert. J'avais Zeri. Il va falloir en fabriquer un autre, ou plutôt *des* autres, mais je sais déjà qui. Car je dois dire que des Pic de La Mirandole qui connaissent *tout* l'art italien, c'est fini ce temps-là. Cela n'existe plus. Quand un phénomène meurt, on le remplace par un groupe d'experts très spécialisés. Par des gens qui connaissent quelques peintres comme moi je connais les impressionnistes ; eux connaissent les peintres florentins du xve siècle ; ils ne connaissent pas ceux du XVIe siècle ; et ils ne connaissent pas ceux du XIVe siècle. Voilà la tendance depuis une trentaine d'années, et c'est très bien comme ça. Des types qui ont travaillé sur un peintre, sur une période, sur une ville, au fond, c'est plus sûr. Et très souvent, ce sont des experts qui habitent le lieu où vivait le peintre, qui ont grandi avec le peintre et près des œuvres, qui les ont sous les yeux, et qui ne cessent de les étudier. Le conservateur de Parme est imbattable sur les peintres de Parme.

J'ai dit non

Quelqu'un me présente un tableau. Une œuvre présumée de Renoir ou de Monet.

D'abord, il y a l'œil. Déjà, s'il n'est pas écrit comme un Monet, c'est qu'il n'est pas de Monet. C'est-à-dire : si la peinture n'est pas posée de la manière dont Monet posait la peinture. C'est ça, l'écriture d'un peintre. C'est l'évidence du peintre. Un peintre, du début jusqu'à la fin de sa vie, a la même écriture. Parfois, elle est un peu plus lâche sur la fin de son existence parce qu'il est fatigué. Je n'ai connu qu'un cas délirant : c'était pour un Renoir. Je l'ai regardé et j'ai dit : « Ce n'est pas possible. Ce n'est pas de lui. Ce n'est pas sa main qui a fait ça. » Et j'avais la preuve qu'il était bien de Renoir. Alors ? Renoir l'avait peint de la main gauche. Il s'était cassé le bras droit. Un Renoir de la main gauche... Ce n'est pas un vrai Renoir.

Ensuite, donc, il peut y avoir le trouble. On est troublé. Je suis troublé. De deux choses l'une : soit le tableau est bon, soit il a été fait par un faussaire. Les faussaires de génie sont rares, il y en a, mais il faut qu'il soient très forts pour imiter une écriture... En cas de trouble, je vous dirais : « Laissez-moi votre tableau. »

Première des choses : je vais le regarder à la lumière au sodium. Pour retirer les couleurs. Pour apprécier l'écriture. Je peux aussi le placer à côté d'œuvres de la même époque. Pour ça, il faut parfois aller dans les musées, mais les musées vous laissent le faire. Et là vous voyez. Malgré l'écriture analogue, on voit quand ça ne va pas. Ou on voit quand ça va. Et dans ce cas il est vrai.

Quand je me pose des questions, j'utilise aussi des gens en qui j'ai toute confiance, et qui ne sont pas des experts. Des personnes désintéressées : de grands amateurs, des historiens d'art, des amoureux du peintre. Je leur montre le tableau et je demande simplement : « Qu'en pensez-vous ? » Ensuite, c'est à moi de trier, de juger de leurs opinions. S'ils sont deux ou trois à avoir la même que la mienne, je suis tranquille.

J'ai eu des cas très difficiles. Pour des tableaux, le plus souvent, qui n'étaient pas extraordinaires : des petites choses qui n'ajoutaient rien à la gloire du peintre. Je les ai éliminés. J'ai dit non. J'ai dit non parce que je n'étais pas sûr. La plupart du temps, je suis sûr de moi à 100 pour 100. Au-dessus de 95 pour 100, je dis oui. Mais je peux me tromper. Il y a quand même un petit 5 pour 100... En dessous de 95 pour 100, je dis aux gens : « Je ne le mets pas dans mon catalogue raisonné. C'est un tableau qu'il faut encore étudier... C'est peut-être un original. » Evidemment, sans le papier d'inclusion, le tableau du gars ne vaut plus rien. S'il ne figure pas dans le catalogue, c'est plus difficile à vendre chez Christie's... Cela dit, il trouvera toujours un expert pour lui dire « L'autre s'est foutu dedans ! » et qui lui donnera son certificat... Mais le type aura quand même du mal. Il aura envie de me tuer, et je le comprends. Et qu'est-ce que vous voulez y faire ? Vous ne pouvez pas affirmer pour le plaisir de faire plaisir. En dessous de 95 pour 100, on ne peut pas dire oui...

C'est *peut-être*. Et, à 90 pour 100, je dis non parce que je ne peux pas écrire *peut-être* dans un catalogue raisonné. Maintenant, si vous pouvez me prouver que le Renoir était chez Vollard, chez Durand-Ruel ou chez Bernheim-Jeune, si vous avez les éléments qui vont avec le tableau, alors pas de problème. C'est bon. Avec eux, vous pouvez respirer. Ces trois-là étaient les marchands de Renoir : des maisons sérieuses. Mais j'irai vérifier quand même. Oh oui. Chaque tableau a un numéro. Nous irons vérifier dans les inventaires.

Car nous avons les preuves. Il faut bien penser que, pour les peintres du XIXe siècle, ce n'est pas difficile à cause de cela. A cause des preuves. Pour les peintres du XVIIIe siècle, c'est déjà un peu moins facile. Pour les peintres du XVIe, du XVe et du XIVe siècle, ce n'est carrément pas simple. Et, dans ce cas, le tableau demande à être regardé avec des instruments pour voir s'il n'a pas été repeint. Aujourd'hui, on utilise des infrarouges. Mais on ne s'en sert pas seulement pour identifier la main d'un peintre ou la fausseté d'une œuvre. Cela sert aussi à autre chose. Si cela vous intéresse, nous irons regarder des Modigliani. Ces Modigliani, je ne les passe pas à l'infrarouge pour savoir s'ils sont vrais ou faux : ce sont des chefs-d'œuvre. Mais c'est très intéressant de les soumettre à l'infrarouge et de les comparer aux photographies de toiles qui ne sont pas des grands Modigliani. C'est important d'avoir ces tirages, ces archives à l'infrarouge. Cela vous permet de faire des analyses comparatives entre le médiocre et le magnifique.

Certificats d'inclusion

Au jour d'aujourd'hui, je ne donne aucun certificat affirmant que j'ai sous les yeux un tableau peint par Monet ou par qui vous voulez. Voilà un truc que je ne donne jamais. Moi je me sers seulement d'un bout de papier sur lequel est reproduit le tableau en photostat, et j'écris : « La peinture ci-contre sera incluse dans le catalogue raisonné que nous préparons. » Rien d'autre. Je ne certifie pas que le tableau est peint par Monet. Pour une raison simple : je ne l'ai pas vu peindre. Je n'y étais pas. Je dis donc très modestement : il sera inclus. C'est tout. Et c'est suffisant. Si je l'inclus, cela prouve que je n'ai pas peur de l'imprimer et de publier la photo. Et, au-delà des mots, c'est quand même un peu plus honnête. Parce que des certificats qui affirment des choses invraisemblables, j'en ai tellement vu... Cela arrive même très souvent. J'ai vu des certificats signés par la femme du peintre, par les enfants du peintre et même par le dentiste du peintre. C'était d'ailleurs le bon dentiste, mais le tableau était faux. Des faux certificats, vous en avez des quantités. Il y a aussi des gens qui vous imitent l'écriture de l'expert. Oui... Je vais reprendre le catalogue raisonné de Renoir. L'expert s'appelait François Daulte. Il vient de mourir en Suisse. Des faux certificats Daulte, des certificats qu'il n'a jamais faits, il en existe à la pelle. Ses enfants vont m'envoyer les photostats de tous les certificats qu'il a vraiment délivrés. Nous pourrons vérifier. Pour les vérifications et l'investigation, j'ai des gens formidables qui s'en occupent.

Editeur de catalogues raisonnés, expert et marchand

Mon père a commencé à faire ses catalogues raisonnés après la Première Guerre mondiale. Tout naturellement, il a attaqué par les peintres du XVIIIe siècle. Il ne s'est pas rendu compte à quel point son entreprise éditoriale était celle d'un apprenti sorcier. Il a mis le doigt dans un engrenage très dangereux pour ce métier. Dans le temps, on vendait facilement... Aujourd'hui, les gens sont devenus méfiants *à cause* des catalogues raisonnés. Pour vendre un tableau, il faut qu'il soit dans un catalogue, et c'est une épouvante pour le métier de la peinture : un artiste qui n'a pas de catalogue, vous aurez beaucoup de mal à le vendre. Les catalogues ont rendu les gens méfiants sur tous les peintres qui n'ont pas de catalogue. Combien d'artistes ont leur catalogue raisonné ? Pas un sur cent. Pas un sur mille.

J'ai continué. Je fais des catalogues raisonnés, moi-même ou les gens à qui je le demande. Pour Géricault, c'était Germain Bazin. Pour Vélasquez, José Lopez Rey. Premièrement, ce sont des gens en qui j'ai toute confiance. Et, deuxièmement, je vérifie tout. Tout. Parce qu'il faut tout vérifier. Je préfère qu'il manque des tableaux plutôt que de risquer des erreurs dans mes catalogues. Mais, enfin, cela arrive. Je suis persuadé qu'ils ne sont pas « parfaits-parfaits ». On ne peut pas avoir quoi que ce soit de parfait dans ce bas monde. C'est une bonne raison pour tout vérifier. C'est capital. Et je voudrais vous raconter une histoire...

Un jour, un historien d'art anglais a écrit un article au vitriol sur le *Gauguin* de papa et de Raymond Cogniat. Il s'appelait Douglas Cooper : c'est lui qui avait interrogé Haberstock après la guerre. Dans son article, il y avait des choses justes et des remarques injustifiées. Mon père a alors dit à Cooper : « Eh bien, venez travailler avec nous. Allez-y. Refaites-le. » Ce qu'il a fait. Il est mort en 1984. Il venait de finir de cataloguer toute la peinture. Et alors ? Alors il y avait un petit problème lié à la personnalité de Cooper. C'était un être d'une férocité phénoménale. Il était aussi drôle que méchant comme la gale. Il ne pouvait pas admettre qu'un tableau soit vrai s'il appartenait à un type qu'il ne supportait pas. Et je peux vous dire qu'il ne supportait pas grand monde. Moi, il me faisait rigoler. Il me disait : « Celui-là, c'est une ordure ! Et son tableau, il est faux ! » C'était sans arrêt. Je n'y prêtais pas la moindre attention puisque je savais qu'on vérifierait tout derrière lui. A l'arrivée, il a donc éliminé des tableaux dont on connaissait le parcours depuis les origines, depuis la main du peintre, depuis le premier marchand jusqu'au dernier collectionneur, et avec tous les papiers pour le prouver. C'est bien gentil, ça, mais si vous commencez à virer les toiles des gens que vous haïssez, il vaut mieux faire un autre métier... Et donc il a fallu tout repasser au crible. Le premier volume du *Gauguin* va sortir cette année. Il est prêt.

Un catalogue raisonné, c'est du temps. Cela prend des années pour le faire. En moyenne, entre vingt et vingt-cinq ans. Certains prennent parfois quarante ans voire cinquante ans. Vous lancez souvent un catalogue pour les générations d'après. Pour un catalogue, vous devez être prêt à mobiliser quatre personnes, quatre chercheurs, pendant un quart de siècle. Où sont les candidats ? Il n'y en a pas. Des gens font des petits catalogues sur des peintres qui ont laissé six cents tableaux à peine dans leur vie, et c'est très bien comme ça. Mais faire des catalogues comme nous les faisons, nous, je ne connais personne... Si. Il y avait John Rewald. Il avait fait le *Seurat* pour moi, et il a fait un *Cézanne* pour lui.

Quand on se lance dans ce genre d'entreprise, il ne faut surtout pas calculer ce que ça coûte. Il ne faut pas savoir. Surtout pas. Sinon, vous ne le faites plus. Le plaisir de voir aboutir votre catalogue est déjà en soi la plus belle des récompenses. Mais il y en a une autre.

Entreprendre un catalogue, c'est faire remonter les œuvres à la surface. Elles sortent. Cela permet, quand vous êtes marchand, d'en acheter. Je le fais très peu. Il est délicat de dire au type : « Dites donc... » Mais il y a une chose que je n'ai jamais faite dans ma vie : annoncer au visiteur que son tableau m'intéresse *avant* de lui dire que je vais l'inclure dans mon catalogue. Le jour où vous faites ça, vous êtes simplement une crapule... Par ailleurs, quand c'est un marchand qui m'a envoyé la personne, je donne le papier d'inclusion mais je ne dis pas que le tableau m'intéresse. C'est ainsi que ça doit se passer. Il faut être droit. En revanche, après, je dirai au marchand : « Si vous achetez le tableau, dites-moi combien vous en voulez. Parce que moi aussi il m'intéresse. »

Quand je donne un certificat d'inclusion et que je manifeste mon intérêt pour le tableau, il arrive que les gens me disent : « Pouvez-vous faire une offre ? » Non. Jamais. Je ne fais jamais d'offre. Cela ne se passe pas comme ça. Je dis aux gens : « Allez voir d'autres marchands. Allez voir Christie's. Allez voir Sotheby's. Allez voir qui vous voulez. Voyez les prix qu'ils vous proposent. Et après, vous pourrez toujours revenir. Si je vous ai dit que votre tableau m'intéressait, c'est qu'il m'intéresse. Mais je ne peux pas être juge et partie. » S'ils reviennent, ils me diront : « On m'a offert tant. » Je leur répondrai : « A ce prix-là, je vous le prends aussi. » Et je leur donnerai un petit peu plus. C'est comme ça qu'il faut faire. Même avec une licence de brocanteur, moi, ça me gêne, le côté *ça je vous le prends à tel prix, ça je vous en donne tant, et ça...* Non. Moi, je ne peux pas.

Vous me direz : ce serait quand même plus facile de donner tout de suite un prix et de prendre le tableau. Au-delà du principe, me connaissant comme je me connais, ce ne serait pas la bonne solution. Quand un tableau me plaît, je peux devenir fou. Je suis prêt à le payer très cher. Parce que je suis emballé ! C'est le

nouveau tableau ! C'est le nouveau bébé qu'on a envie
de prendre dans ses bras ! Je suis prêt à faire n'importe
quoi. Voilà pourquoi je ne veux pas faire d'offre.
Jamais, jamais, jamais...

Au bout du compte, quand un catalogue raisonné
sort, j'ai acheté entre vingt-cinq et cinquante tableaux
grâce à ce catalogue. Si vous ramenez ces chiffres à un
quart de siècle, cela fait donc un ou deux tableaux par
an. Parfait. Très bien. Cela vous a peut-être rapporté
un peu plus que ne vous a coûté le catalogue. Mais rien
n'est moins sûr.

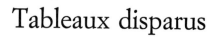

Tableaux disparus

Le Cézanne de Buenos Aires

Depuis la capitulation de l'Allemagne, combien de fois m'a-t-on proposé des tableaux ou des objets volés par les nazis ? Je dirais que c'est arrivé, au bas mot, plus de cinquante fois. Des œuvres volées un peu partout, en France, en Pologne, dans les églises italiennes. Des œuvres qui ont parfois été volées à deux reprises : d'abord par les Allemands, puis par des soldats de l'armée américaine ou par des populations diverses. Aujourd'hui, il y en a dans le monde entier. Il y en a beaucoup aux Etats-Unis, dans les collections particulières et même dans les musées. Il y en a également pas mal en Amérique latine.

En 1945, les nazis qui sont partis en Argentine ont emporté avec eux des tableaux. A Buenos Aires, il les ont vendus à des galeries. Lesquelles galeries les ont revendus à des collectionneurs argentins, qui ne risquaient pas grand-chose. En Argentine, il est impossible de récupérer une œuvre volée. Il n'existe aucune convention entre ce pays et qui que ce soit. A Buenos Aires, dire qu'on doit faire attention, c'est un euphémisme : tout beau tableau qu'on vous propose est plus que suspect. Mais, moi, j'ai quand même une bibliothèque et quelques archives... Un jour, on est venu me proposer une toile de Cézanne. C'était un merveilleux *Jas de Boufan*, qui était dans la collection de M. Garcia Victorica. Il voulait le vendre. J'ai étudié le tableau, et je lui ai sorti les phrases que je sors dans de telles situations : « Ce tableau a été volé à une famille juive par les nazis. Je ne l'achète pas. Je n'achète un tableau qu'à son propriétaire légitime. Je dois prévenir la famille. » J'annonce d'entrée la couleur. Que les choses soient claires. Dans le cas présent, Garcia Victorica, qui était vraiment un type bien, est tombé des nues. Il ne le savait pas. Il m'a dit : « Allez-y. Faites-le. J'aimerais les rencontrer. » Sur le papier, c'est facile à dire. Il suffit de relever le numéro de stock et d'aller voir dans les livres. En réalité, il est toujours très, très difficile de retrouver les familles. J'ai donc fait des recherches. Les propriétaires du Cézanne étaient morts dans les chambres à gaz. J'ai retrouvé la trace de leurs héritiers, qui vivaient en Israël. Je les ai fait prévenir, je leur ai expliqué la situation et je les ai mis en contact avec Garcia Victorica. Ils se sont vus. Ils se sont parlé. Et ils sont revenus me voir : « Le tableau est à vendre », m'ont-ils dit. Je l'ai acheté, et les trois quarts de la somme sont allés aux héritiers. Je l'ai d'ailleurs revendu depuis. Il est aujourd'hui dans une collection particulière, à New York.

Je dois dire que cet Argentin a été d'une correction exemplaire. Le problème, c'est qu'on ne tombe pas tous les jours sur un Victorica. En Suisse, en Allemagne, en Autriche, en Amérique, j'ai plutôt eu affaire à des intermédiaires louches et parfois même directement aux voleurs. J'ai fait prévenir les familles par mon avocat. Après, la plupart du temps, ce n'était plus de mon ressort. Et ces tableaux, très souvent, se sont volatilisés de nouveau, aussi étrangement qu'ils étaient réapparus... A l'heure actuelle, aux Etats-Unis, il y a des toiles volées pendant la guerre qui sont dans des collections célèbres. Ces collectionneurs ne le savent pas. Comment le sauraient-ils ? Les tableaux ont été achetés à des marchands qui les ont acquis sans se poser de questions. Ils les ont achetés à des soldats qui les avaient ramassés en Allemagne. Ces collectionneurs, ce n'est pas moi qui vais leur faire peur. Ce n'est pas mon style. Mais un jour viendra où ils le sauront. Et s'ils me proposent la toile, je leur dirai la vérité... Voilà comment je fais. Nous ne sommes pas si nombreux à le faire. C'est juste un constat.

En réalité, il est très difficile de récupérer un tableau, surtout quand il a changé de mains à plusieurs reprises, qu'il a été vendu, acheté et à la fin revendu en toute bonne foi. Il y a ce Matisse, cette *Odalisque*, qui est actuellement au musée de Seattle... En fin de parcours, il a été offert au musée par Prentice Bloedel, le roi du caoutchouc. Le Matisse avait été volé par les nazis à la famille Rosenberg. Le musée doit le rendre. Là-dessus, il n'y a aucun doute. Le musée ne l'a pas acheté. Il n'y a que le dernier propriétaire qui pourrait gueuler. Il est mort. Personne à indemniser. Alors ? Aux dernières nouvelles, il paraît que le musée va le rendre — à la suite des Musées de France, qui ont rendu récemment un Monet aux Rosenberg. C'est très encourageant, mais c'est encore trop rare. Parce que avant qu'un musée ne relâche quoi que ce soit...

Le Raphaël des rois de Pologne

Aujourd'hui, il est facile de se faire piéger. Je me suis fait avoir une fois par un Américain qui m'avait proposé deux toiles attribuées à Dürer, et qu'il nous a fallu rendre. Il les avait sorties d'Allemagne, en 1945. Elles appartenaient à une Allemande qui les avait données à un musée. Pas évident à deviner... Mais se faire piéger, à la sortie de la guerre, c'était monnaie courante. Le *Répertoire des biens spoliés*, c'est-à-dire le catalogue des œuvres disparues, était une très bonne chose, dans les limites du genre. D'abord, il y avait des erreurs. Ensuite, en dépit de quelques annexes dont personne ou presque n'a vu la couleur, il restait très incomplet. Enfin, et surtout, quand il n'y avait pas de photos, à savoir la plupart du temps, le descriptif et la dimension des œuvres étaient plus qu'approximatifs. Par ailleurs, pour ce qui avait été volé en Pologne, en Hongrie ou en Allemagne, cela relevait souvent du grand mystère. Mon père s'est fait piéger une fois. Il avait acheté deux petites peintures sur émail, au Liechtenstein. En fait, elles avaient été volées aux descendants des rois de Pologne : les Czartoryski. L'affaire s'est réglée à l'amiable, et pour cause : c'étaient des amis à nous. Même entre amis, on ne savait pas toujours ce que l'autre avait. Nous étions surtout intimes avec les Zamoyski, qui sont les cousins des Czartoryski. Stefan Zamoyski a été un ami très cher... L'oncle Stefan. Notre amitié datait de l'avant-guerre. Elle venait de l'amour que nous avions en commun pour les chevaux. Le prince Stefan était un génie des chevaux. Après la guerre, il avait été chargé par les Alliés de récupérer les étalons et les poulinières que les nazis avaient emportés, de France et d'ailleurs, vers les haras d'Allemagne. Il a ramené les chevaux de Boussac, les chevaux des Rothschild, les chevaux de tout le monde, et malheureusement pas les nôtres. L'oncle Stefan avait une telle connaissance des origines qu'il était capable d'identifier un cheval sans jamais l'avoir vu... Pendant des années, c'est avec lui que j'ai recherché les œuvres de leurs familles respectives.

Au milieu des années 1950, un marchand de Vienne nous a proposé des objets gothiques. Ces objets provenaient d'un musée fondé par la princesse Dialinska : elle était nièce des rois de Pologne et donc parente des Czartoryski. Une grande partie du musée avait été pillée par les nazis, qui avaient revendu les œuvres en Autriche... Après la guerre, les Czartoryski vivaient en Espagne. Comme l'Etat communiste avait confisqué tous leurs biens, il était hors de question que les Polonais rendent quoi que ce soit. Le prince Czartoryski et mon père ont acheté ces objets, les ont envoyés en Amérique et les ont vendus au musée de Boston. Les communistes polonais nous ont alors fait un procès. C'était la guerre froide, et la justice américaine les a fermement envoyés promener... Au passage, le marchand de Vienne nous avait dit que ces objets lui avaient été vendus par un Allemand. Il avait même vu un des objets les plus prestigieux du musée : une grande croix en or. Nous ne l'avons jamais retrouvée. Dans les années 1960, en Allemagne et en Autriche, j'ai encore mis la main sur une dizaine d'objets médiévaux de ce musée Dialinska. Nous étions — nous sommes toujours — mandatés par la famille pour récupérer toute œuvre leur appartenant. Dans la liste, il y avait deux tableaux majeurs. Un Léonard de Vinci, qui avait été donné par le roi de Pologne au musée de Cracovie. Il a été retrouvé chez un paysan polonais, et il est reparti au musée. Parfait... Mais il y avait surtout le magnifique *Portrait d'un jeune homme* par Raphaël. Un chef-d'œuvre. Un tableau connu, et dont on avait la photo. Il n'appartenait pas au musée. Il y était en dépôt avant la guerre. Il appartenait bien à la famille. Il avait été volé par un nazi : Hans Frank, gouverneur général de la Pologne pendant la guerre. On savait que le tableau n'avait pas été détruit. Je l'ai recherché durant près d'un demi-siècle. Sans succès... Et il y a un an, je tombe sur un article consacré à ce Raphaël dans une très sérieuse revue d'art autrichienne. L'article était signé d'un Polonais. Un historien d'art. Je suis allé voir l'éditeur. Un curieux bonhomme. Soi-disant il n'était au courant de rien. Soi-disant il n'avait jamais vu la toile... D'une part, je crois qu'il est impossible de publier ce genre d'article sans avoir vu le tableau. D'autre part, l'article était accompagné d'une photographie *récente*. Je lui ai dit : « Réfléchissez... Si vous pouvez mettre la main dessus, nous sommes prêts à vous faire un joli cadeau... C'est un tableau qu'on ne peut pas vendre. Il est invendable, et je veillerai à ce qu'il le reste. » En attendant, je le surveille... Pour l'instant, rien n'est venu. Mais je ne le lâcherai pas. De deux choses l'une. Ou bien les gens qui détiennent ce *Portrait d'un jeune homme* sont des imbéciles. Ou bien ils ont des choses beaucoup plus graves à se reprocher que le vol d'un Raphaël. Je pencherais plutôt pour la seconde hypothèse.

La collection Gerstenberg

Avant la guerre, nous entretenions des liens étroits avec deux grands collectionneurs allemands.

L'industriel Otto Krebs avait mandaté mon père pour vendre tous ses tableaux : de très beaux impressionnistes. L'argent devait aller à la Fondation Krebs, qui finançait la recherche contre le cancer. Pour vendre les toiles, il fallait attendre le décès de Krebs. Gros problème : il est mort en 1941... Et, en 1945, tous les tableaux de Krebs étaient portés disparus.

L'autre collectionneur s'appelait Otto Gerstenberg. Lui aussi avait des impressionnistes merveilleux. Il avait également des Daumier, des Goya, des Greco... Les Gerstenberg étaient de bons amis. Des antinazis notoires. Après la mort de Gerstenberg, en 1939, juste avant le début de la guerre, sa fille Margarete Scharf nous avait vendu 50 pour 100 du meilleur de la collection. Nous avions donc 50 pour 100 sur chaque toile, dont cette merveille absolue de la peinture qu'est *La Place de la Concorde* par Degas. C'était notre société new-yorkaise, Wildenstein Inc., qui avait pris ces 50 pour 100. Nous avions acheté ces tableaux pour les revendre, selon le désir exprimé par Mme Scharf. Ils étaient entreposés dans un garde-meubles, à Berlin, à côté de l'emplacement du futur bunker d'Adolf Hitler. Il suffisait d'écrire au garde-meubles afin qu'on nous les envoie. La guerre a éclaté.

En 1946, je suis allé à Berlin pour voir ce qu'il restait de ce garde-meubles. Réponse : rien. Une nappe de cendres. C'était plat comme ma main. Je me souviens encore des formulaires, à New York, qu'il a fallu remplir : des TFR 300. Toutes les toiles ont été déclarées perdues.

En Allemagne, les Soviétiques et la Brigade des trophées ont ramassé tout ce qu'ils ont pu : c'était toujours moins que ce qui a été volé ou détruit chez eux. Comme les nazis savaient si bien le faire, ils ont mis à sac les bibliothèques, les églises, les musées, les maisons. Ce n'était pas un pillage organisé avec des listes établies, comme ce fut le cas en France : en Ukraine, les Allemands n'appelaient pas Mollard pour faire contresigner l'inventaire de ce qu'ils emportaient. Le pillage a été sauvage, brutal et rapide. Et aujourd'hui, il faut reconnaître que les Russes n'ont pas vu revenir grand-chose. Mais eux-mêmes, entre 1945 et 1946, qu'avaient-ils rapporté en Union soviétique ? Mystère.

Après l'éclatement de l'Empire soviétique, en 1991, nous avons appris que les collections Krebs et Gerstenberg dormaient en URSS depuis un demi-siècle. Elles sont restées cachées à l'Ermitage et au musée Pouchkine. Avec les deux frères Scharf, nous avons alors tenté un petit quelque chose afin de récupérer nos tableaux. Mon fils Alec et les deux frères sont partis pour Saint-Pétersbourg. Là-bas, ils y ont rencontré Mikhaïl Piotrovsky, le directeur de l'Ermitage. Ils ont eu des discussions. Le directeur de l'Ermitage leur a d'abord dit : « Nous sommes prêts à rendre les tableaux. A une condition : que vous nous donniez le tiers de leur valeur en argent. » Comme cet homme est intelligent, il a réfléchi. Et il a modifié sa proposition : « Le musée ne verra jamais la couleur de cet argent. Laissez-nous plutôt un tiers des tableaux. En attendant, nous allons d'abord les exposer. » Eltsine était d'accord pour les restituer. Les choses ont traîné, traîné... Et tout a capoté. L'exposition à l'Ermitage a connu un succès tel qu'elle a été prolongée. La politique s'en est mêlée. A Moscou, à la Douma, les nationalistes et les communistes ont fait des déclarations fracassantes sur le thème : « Nous avons perdu trop de gens pendant la guerre. On nous a tout volé. Nous ne rendrons rien. » Et ils ont tout bloqué... Nous en sommes là aujourd'hui. Ne pas vouloir rendre à des particuliers, à une société américaine ou à une fondation contre le cancer, ce n'est pas vraiment correct. Mais si les Russes ont décidé d'être ridicules, c'est leur problème. Et cela ne m'empêchera pas de dormir. D'ailleurs, en 1946, je ne pouvais pas deviner que les Allemands avaient transféré ces toiles dans la tour du zoo de Berlin. Ce jour-là, devant les cendres du garde-meubles, j'avais déjà fait une croix dessus.

Les caisses de Balmoral

Dans un autre genre, il serait peut-être temps que la reine d'Angleterre rende à la Russie les trésors du dernier des Romanov, qui dorment dans les caves du château de Balmoral... Un jour, totalement par hasard, j'ai vu les caisses de Nicolas II.

Nous faisions le catalogue raisonné de David... Nous étions à la recherche de cinq tableaux représentant *Bonaparte au Grand-Saint-Bernard*. Des toiles de trois mètres de haut sur quatre de large. David avait donné l'original à Napoléon, et il avait fait quatre répliques pour les frères de l'empereur : chaque œuvre se distingue par le cheval et par les rênes. Nous avions localisé trois de ces répliques. Il manquait donc l'original et la quatrième réplique. Un jour, à New York, j'ai reçu un coup de fil d'un type qui m'a dit : « J'ai un tableau de David avec Bonaparte sur un cheval. » J'ai sauté en l'air : « Ne bougez surtout pas ! J'arrive tout de suite ! » Il m'a répondu : « Ce n'est pas la peine de vous déplacer. Je vous l'apporte. » Formidable, ce gars-là, il était prêt à me livrer à domicile une toile de trois mètres de haut... Quand il est arrivé, j'ai piqué du nez. Il avait sous le bras un tout petit tableau. Je l'ai retourné. Au dos de la toile, il y avait un papier collé, où était écrit en français : « Ne pouvant emporter le portrait de mon frère aux Etats-Unis, j'ai fait exécuter cette copie. Signé : J. B. » La famille du type l'avait acheté à Philadelphie, à la vente Joseph Bonaparte. Tant pis. C'était loupé.

Par la suite, j'ai entendu parler d'un Bonaparte à cheval dans la collection Blücher. Le fameux Blücher de Waterloo. Les héritiers Blücher avaient une grande maison à Jersey. Je vais à Jersey... Dans cette belle maison, il y avait des tas de trucs napoléoniens que Blücher avait dû ramasser un peu partout. Je regarde le Bonaparte à cheval. Et merde ! Encore une copie.

A cette époque, la princesse de la Moskova avait déclaré à mon père : « J'en ai bien un. Figurez-vous que j'ai voulu le donner au Louvre. Ils m'ont juré qu'il s'agissait d'un faux. » Alors, avec mon père, on s'est dit : « Allons quand même voir cette saloperie. »

Et là...

Mon père a demandé à la princesse : « Est-ce que vous voulez le vendre ? » Elle a répondu : « Ah, non. Je veux le donner. Mais à qui ? Je ne sais pas. » Je lui ai alors suggéré : « Offrez-le au château de Malmaison. C'est symbolique. C'est là où Napoléon vivait parfois avec Joséphine. » Aujourd'hui, vous pouvez voir ce tableau à Malmaison. C'est le plus grand chef-d'œuvre que David ait jamais peint. *C'est* l'original.

Donc, il ne manquait plus que la quatrième réplique. Celle que le duc de Wellington avait subtilisée au château de Saint-Cloud. Il l'avait rapportée en Angleterre et installée chez lui, à Apsley House. Le tableau était accroché dans sa salle à manger, au-dessus de la cheminée. C'était même écrit, en toutes lettres, dans le *Guide Baedeker*. Mais, à Apsley House, il n'y avait rien. Pas de Bonaparte. Nous avons continué nos recherches. Et, dans les archives des Wellington, nous avons vu que la famille en avait fait don à la couronne d'Angleterre, en 1901. Je me suis donc rendu à Windsor, et j'ai demandé au conservateur de la reine s'il était possible de voir ce tableau. Il m'a répondu : « Un Bonaparte à cheval ? Jamais vu. » Tableau perdu... C'est très fort. Egarer une toile de trois mètres sur quatre. Il faut le vouloir.

Le temps passe et je croise un jour le prince Charles, qui jouait dans la même équipe de polo que mon fils Guy. Je lui parle du David de Wellington. Des recherches seraient-elles envisageables ? Très gentiment, il me dit : « Etant donné la taille de l'œuvre, il doit être roulé quelque part. Et s'il est quelque part, c'est forcément à Balmoral. Allons-y. » Et nous voilà partis en Ecosse, dans la résidence d'été des souverains britanniques.

Nous sommes descendus dans les caves du château : elles sont immenses. Nous avons bien cherché. Nous n'avons rien trouvé. Pas de David. En traversant les caves, au passage, j'ai demandé au prince Charles : « Et ça... c'est quoi ? » Il y avait là près de cent cinquante caisses, avec des inscriptions en cyrillique dessus. Des caisses gigantesques, de la largeur de mon bureau, qui n'avaient jamais été ouvertes. Le prince Charles m'a dit : « Oh, ça, ce sont les trésors de Nicolas II. Il les avait envoyés à ses "cousins", en Grande-Bretagne, au début de 1917, quand il a vu que ça tournait mal... » Ainsi, Nicolas II avait donc mis à l'abri ses biens les plus précieux, afin qu'ils échappent aux bolcheviques. Qu'est-ce qu'il avait bien pu mettre dans ces caisses ? Des barres d'or ? Des icônes ? Des tableaux roulés ? Des bijoux ? Je pense surtout à son service en or, qui était un des plus beaux du monde. Il avait des services fantastiques signés Thomas Germain. C'est *le* maître orfèvre du XVIIIe siècle. Un génie. Du Thomas Germain, c'est rarissime. Des pièces de cet artiste, il n'en passe pratiquement jamais dans les ventes. Thomas Germain, c'est le plus grand de tous.

Je n'ai plus jamais entendu parler de ces caisses. Jamais. On peut en conclure qu'elles y sont toujours. J'en suis plus que convaincu. Notre visite à Balmoral remonte à l'époque où Brejnev régnait avec sa clique de gangsters. Ce n'était pas forcément le meilleur moment pour les renvoyer. Mais aujourd'hui ? Depuis l'implosion de l'URSS, il n'y a plus de raison de ne pas les rendre. Je n'en vois aucune. Tout cela appartient au patrimoine russe. Mais il faudrait déjà sortir ces trésors de leurs caisses et les présenter au public. Qui, en ce bas monde, n'a pas envie de voir ça ?

Dans cette histoire, il n'y avait que mon David qui me préoccupait. Je ne faisais que passer par là. A propos de ce David, j'en discutais récemment avec le conservateur en chef de la National Gallery à Londres, Neil MacGregor : un francophone épatant que j'apprécie beaucoup. Je lui disais : « A votre avis, où peut-il bien être, ce foutu tableau ? » Il m'a fait une réponse assez subtile : « Il est dans un endroit où il y aura des murs et où il fera de l'effet. Essayez donc les ambassades... » Ma petite chance, c'est que les diplomates anglais sont bien plus disciplinés que les nôtres. Chez les Français, quand le Mobilier national envoie des tableaux ou des objets dans une ambassade, il arrive que les choses disparaissent à jamais... En tout cas, à l'heure où je vous parle, je suis en train de contacter les ambassades et les consulats britanniques du monde entier. Je leur demande s'ils n'ont pas vu passer un truc de trois mètres sur quatre avec Bonaparte sur un cheval. Je suis un optimiste. Vous verrez. On le retrouvera.

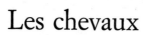

Les chevaux

Dès l'âge de cinq ans...

Pour un cheval, je suis prêt à me déculotter. C'est clair. Comme pour un tableau. Pareil. C'est une des choses les plus importantes de mon existence. C'est aussi une maladie de famille, qui a commencé — et pour cause — avec mon grand-père. En fait, il est toujours resté très discret, très en retrait vis-à-vis du monde des courses. L'ancien maquignon avait-il peur de se trahir ? Peut-être. Mais il y avait une autre raison.

A partir de 1890, quand Nathan a eu un peu d'argent, il a acheté cinq ou six chevaux. Il ne les a pas mis à son nom. Il les a mis au nom de Gimpel, son « frère » alsacien, qui vivait à New York. Mon grand-père les a fait courir sous le nom de son associé parce qu'il n'avait pas trop envie, disait-il, de s'entendre traiter d'escroc sur les champs de courses. Il est vrai qu'au poteau d'arrivée il n'y avait pas encore la photographie pour départager les chevaux, et très souvent la réunion dégénérait en émeute. Tous les noms des grands propriétaires étaient hués. On les traitait de pourris, de vendus, de voleurs. Les Rothschild. Les Schiff. Les Widener. Arthur Veil-Picard, le roi de la limonade... Tous. Et les parieurs ne plaisantaient pas. Ils foutaient le feu aux tribunes, qui à l'époque étaient en bois, et je peux vous dire que ça brûlait bien. Dans les années 1920, à Auteuil, j'ai vu une tribune partir dans les flammes.

Mes grands-parents étaient très contents quand leur cheval gagnait, mais ils ne manifestaient aucune fierté. Ils en tiraient un plaisir intime. Un plaisir intérieur. Ce n'était que pour eux et rien que pour eux.

Avec mes parents, ce sera l'inverse. Mon père et ma mère ne supportaient pas le fait d'être battus par des chevaux qui étaient obligatoirement inférieurs aux leurs puisqu'ils ne leur appartenaient pas. Dans le genre, ma mère était pire que mon père. Je me souviens même l'avoir vu donner subrepticement un coup de parapluie, dans un escalier, à je ne sais qui, lequel je-ne-sais-qui est tombé dans l'escalier... C'était la guerre ! Et de la fierté mal placée quand un cheval gagnait... Comment peut-on éprouver de la fierté quand un cheval gagne ? C'est impensable ! C'est ahurissant. Etre fier de quoi ? Du plus gros chèque qui gagne ? J'ai tout gagné dans ma vie, toutes les grandes courses, et je n'ai jamais éprouvé la moindre parcelle de fierté. Je n'ai éprouvé que du plaisir. Le plaisir, oui. Les instants de bonheur, oui. La vanité, non. Il faut se calmer un peu. On n'est pas plus intelligent que le deuxième, le quatrième ou le dernier de la course.

Pourquoi j'aime tant les chevaux ? Il était impossible que j'y échappe. A la maison, les chevaux réunissaient toute la famille. A table, je n'ai jamais entendu mon grand-père, ma grand-mère, mon père ou ma mère parler d'autre chose. A l'heure du déjeuner, en vérité, on ne parlait jamais de tableaux... Dès l'âge de cinq ans, j'ai monté les chevaux de papa, à Maisons-Laffitte. Il m'est arrivé d'avoir quelques petits accidents, mais à mes yeux le cheval avait beaucoup plus d'importance que moi. Par ailleurs, je vous ai dit que ma grand-mère m'avait emmené très tôt sur les hippodromes. Les courses de chevaux m'intéressaient donc, et pour cause, et heureusement !... Parce que c'est comme ça que j'ai appris à lire. Il y avait cinq journaux pour les courses avant la guerre. Moi j'ai appris à lire dans *Paris Sport*, l'ancêtre de *Paris Turf*. J'étais très mauvais élève. Et sans *Paris Sport*, je n'aurais peut-être jamais appris à lire. Je dois aussi préciser que je ne joue plus aux courses depuis 1937. Je n'ai plus jamais joué de ma vie après la mort de ma grand-mère...

Mon père avait une écurie qui n'était pas belle. Une écurie d'une soixantaine de chevaux, et sous ses cou leurs : le bleu, toque bleu clair. C'est la raison pour laquelle, aujourd'hui, on nous appelle « Les Bleus » dans le monde entier... Contrairement à Nathan, qui était né *dedans*, papa n'avait aucun œil pour les che vaux. Aucun. Il achetait des yearlings en ventes publiques, à Deauville. Il les achetait à Maurice de Rothschild, qui a été un des plus grands éleveurs de l'entre-deux-guerres. Ce vieux singe de Maurice ven dait à mon père des mâles qui n'avaient pas trouvé preneur à la vente, et il ne lui vendait pas les femelles : il les lui louait. Ce n'est pas le meilleur des systèmes pour gagner les grandes courses. A deux reprises, en 1930 et en 1931, papa a remporté le Grand Prix de Deauville avec Charlemagne et Rieur. Ce n'est pas une très grande course. J'ai dû la gagner dix fois avec des chevaux dont j'ai même oublié le nom.

A la mort de ma grand-mère, j'ai dit à papa : « Ecoute, je voudrais quand même que tu aies *un* bon cheval une fois dans ta vie. » Je n'en pouvais plus de le voir faire n'importe quoi. Alors je lui ai fait acheter — cher — son premier cheval de qualité. Il appartenait au propriétaire des parfums Carven. Il s'appelait Beau Prince, il avait déjà deux ans, et il a été très bon à l'échelle de mon père — pas à la mienne. C'était un cheval bien né, un cheval de plat. Il a gagné le Grand Critérium et il a fini deuxième de l'Arc.

Les chevaux étaient dans un bel établissement, à Maisons-Laffitte. Nous le partagions avec un certain Stavisky, qui faisait courir ses chevaux sous le nom d'un ancien diplomate espagnol. Je me souviens que papa rasait les murs pour l'éviter. Cela a duré jusqu'en 1934, année où Stavisky a eu un « petit accident de montagne » à Chamonix... Notre entraîneur s'appelait Roch Filippi. Un Corse épatant. C'est chez lui que j'ai appris à monter. Mon père avait également une vingtaine de poulinières dans un haras, aux environs de Deauville. Elles ont été emportées par les Allemands. On ne les a donc plus revues.

Après la guerre, mon père a recommencé à acheter des chevaux de troisième ordre, et les a mis chez un entraîneur de quatrième ordre. Bref, il n'y avait rien à attendre. Je l'ai quand même poussé à changer d'entraîneur. Nous avons eu quelques petits résultats. Nous avons remonté la pente. Nous étions quatrième de l'Arc, troisième du Grand Prix de Paris... Et un jour nous avons eu — enfin ! — un grand entraîneur. L'Anglais Cunnington. Il pesait 180 kilos. Pour mon père, il a gagné entre autres la Poule d'Essai des poulains avec un cheval qui s'appelait Kant. Cela marchait bien. Mais un soir mon père est devenu fou. Il m'a dit : « Cunnington, je n'en veux plus. Les chevaux sont d'une maigreur épouvantable. Il les affame. Il les laisse crever de faim et lui, cette espèce de gros lard, il n'arrête pas de bouffer ! Il me dégoûte ! » J'ai essayé de lui expliquer que les Anglais étaient très stricts sur l'alimentation. C'est un truc des Anglais. Ne pas trop nourrir le cheval afin que les jambes puissent tenir. C'est tout le problème des chevaux de course : les jambes ne supportent pas le poids du corps. C'est comme ça... Mais il n'y avait rien à faire, rien à expliquer, et papa l'a fichu dehors. Cunnington était un remarquable entraîneur.

La prunelle de mes yeux

A la mort de mon père, mes deux fils avaient des chevaux. L'un courait sous casaque bleu foncé avec des étoiles bleu clair, l'autre avec les manches et la toque bleu clair. Ils m'ont dit : « A partir de maintenant, nous les ferons courir sous les couleurs uniques de la famille. » Les Bleus se sont réunis... Et Alec et Guy m'ont fait *très, très* plaisir. Mes enfants sont aussi excités que moi. Ils ont le virus des chevaux. Ils l'ont tous les deux. Ils sont la joie de ma vie. Et je sais qu'avec eux le roman va continuer.

En 1964, je suis parti pour les ventes du Kentucky. Je voulais réussir. J'avais une idée fixe : importer le sang américain en France comme les anciens l'avaient fait au début du siècle, et avec quels résultats ! Les Widener et Cie avaient des écuries formidables. Après la dernière guerre, chez nous, on a oublié ça : le sang américain ! Le cheval américain est beaucoup plus coriace que le nôtre. Leurs chevaux, leurs terrains et leurs courses sont bien plus durs que les nôtres. Là-bas, ce ne sont pas des courses de tactique, où tout le monde se regarde, attend le moment pour placer sa pointe. Pour la tactique, c'est toujours l'Europe. Mais pour la vitesse, c'est encore l'Amérique. Le cheval court d'un bout à l'autre. Là-bas, c'est fonce ou crève. Le cheval américain est né pour la vitesse, et c'est un dur.

J'avais loué un avion pour trente-huit chevaux. Je suis revenu du Kentucky avec mes trente-huit chevaux. Des poulinières, des yearlings... Un avion plein. Je savais ce que j'achetais. Je les avais bien étudiés. Les origines, les parents, les grands-parents. J'étais bien le premier Français à me pointer aux ventes du Kentucky. Il n'y avait là que des Américains, la plupart déguisés en cow-boys, avec leurs grands chapeaux et tout le bazar. J'ai quand même eu un petit problème. Dans le Kentucky, on vend les chevaux comme on vend le tabac. Le type qui a le micro n'arrête pas de parler. Il n'arrête pas ! C'est comme s'il chantait une chanson sans fin. Il intègre les enchères à des dialogues de sauvage : « 30 000 dollars ! Est-ce qu'il y a un type assez con pour dire 35 000 dollars ? Et pour le chapeau de la petite dame, là, celle qui est si moche, combien ? Ho ? T'as vu sa bobine ? Alors bon, il est où, le connard à 35 000 ?... » La première fois, je dois avouer que ça surprend. Je dois même dire que j'en ai perdu une bonne partie en route. J'entendais bien des chiffres, mais je ne comprenais rien. A tel point que le type, à un moment, a arrêté la vente. Il a dit : « J'ai l'impression que le monsieur qui est là ne pige rien à ce qui se passe. Il ne sait pas à quel prix il achète. » On a alors mis quelqu'un à côté de moi pour me commenter les enchères. Pour me traduire les paroles de la chanson. A partir de là, effectivement, tout est allé beaucoup mieux.

Je suis retourné cinq ans de suite au Kentucky. Je suis devenu un familier de la chanson.

Pour avoir une grande écurie, il n'y a pas à se creuser la tête. Un propriétaire sérieux est celui qui gagne beaucoup de courses. Il lui faut donc beaucoup de chevaux. J'en avais bon an mal an près de deux cent cinquante. Ils se sont mis à gagner de grandes courses. Mais il faut gagner l'Arc pour faire la différence. Si je me souviens de la première fois ? Oh, oui. C'était Allez France. C'était en 1974.

Allez France était une jument extraordinaire, pratiquement imbattable et d'un caractère difficile. Elle détestait Yves Saint-Martin. Elle le détestait au point qu'elle l'aurait tué. Elle ne pouvait pas le voir. Il ne fallait pas qu'il entre dans son box. Il vous le dirait. Mais croyez-moi : quand il était sur son dos, elle faisait ce qu'il fallait... Cette année-là, quinze jours avant l'Arc, Saint-Martin a fait une chute de cheval. Une mauvaise chute. Les côtes cassées. Des fractures. Une épaule en morceaux. Il ne pouvait plus respirer. J'ai alors demandé à Lester Piggott de monter Allez France, et puis... Et puis je suis quand même allé voir Saint-Martin, qui m'a dit : « Avec Piggott, vous avez le meilleur. » Nous avons parlé. Je lui ai dit : « Vous l'avez monté depuis sa première course. Cela m'embête, et cela me fait même mal au cœur que ce ne soit pas vous. J'avais rêvé que vous la montiez jusqu'au bout. » Il m'a dit : « Alors on y va... » J'aime mes jockeys. Avec moi, le jockey fait tout ce qu'il a envie de faire. Il veut monter ? Il monte. Pour mes jockeys, je dis oui à tout.

Yves Saint-Martin était un vrai courageux. Pour qu'il ne souffre pas, on lui a fait des piqûres anti-douleur pendant que je me faisais insulter par tout le monde. Je les entendais. « C'est de la folie... C'est bien gentil d'être sentimental avec son jockey, mais il fausse les courses... » Oser me sortir ça à moi ! Je vais vous dire une chose. Sur toutes les pelouses de tous les champs de courses, les parieurs m'appellent Monsieur Daniel et c'est très affectueux. Parce qu'ils savent que moi, quand j'aligne un cheval, ce n'est pas pour faire le tour. C'est pour défendre toutes nos chances. C'est pour gagner.

Un cheval a 300 mètres de vitesse pure dans le ventre quand c'est un crack. Un cheval moins bon a 200 mètres. Un cheval extraordinaire a 400 mètres. Allez France, elle, avait 800 mètres.

La course se déroule. Saint-Martin est là, tranquille,

et elle tire... A 800 mètres du poteau, il ne faut plus la tenir. Il le sait. Il la laisse partir. Elle est allée jusqu'au bout, et elle a gagné d'une encolure...

C'était mon premier Arc de triomphe. Le vrai plaisir. Content. Aucune fierté. Ni fierté ni gloire. Que du plaisir... Sentimentalement, aujourd'hui, s'il ne devait n'y en avoir qu'un, ce serait Allez France. Parce que c'était quelque chose de miraculeux. Ce n'est pas moi qui l'ai élevée. Je l'ai achetée quand elle avait quatre mois. Je la voulais sans même savoir qu'elle existait. Elle avait une famille extraordinaire. Une mère qui avait couru trente-cinq courses et qui en avait gagné vingt. Une grand-mère qui avait couru soixante courses et qui en avait gagné quarante. J'avais étudié toutes les origines, mais y avait-il seulement une descendance ? Je me suis renseigné. Et la réponse était oui... Il y avait Elle. Elle était la dernière. Elle était la seule. L'étalon était français. Elle était fille de Seabird. Le fameux Seabird. Formidable cheval de courses, mais comme étalon, il ne valait pas grand-chose... C'est le seul détail qui ne me plaisait pas trop. Mais j'étais sûr de mon coup. Elle était *la* jument à acheter. Et je suis retourné en Amérique, dans le Kentucky. C'est là où elle était. J'ai été trouver Mr. Jacobs, son propriétaire, qui m'a dit : « De cette famille, c'est la seule fille que j'ai. Je ne veux pas la vendre... » Les chevaux n'étaient pas si chers que ça, à cette époque. Je lui ai avancé le chiffre de 50 000 dollars. Une sacrée somme. Il m'a dit : « Vous êtes fou de m'offrir ce prix-là ! Vous l'avez regardée ?

— Non.

— Allez la voir ! Et après vous comprendrez que vous êtes fou de m'offrir 50 000 dollars. »

Je suis allé la voir. Elle était foutue comme l'as de pique. Elle avait les jambes tordues dans tous les sens. Elle était comme coupée au couteau, mais elle avait quelque chose. J'ai dit à Jacobs : « Si vous ne voulez pas de 50 000 dollars, qu'est-ce que vous allez répondre à 100 000 dollars ?

— Hein ?... Là, quand même... Là, il faut peut-être réfléchir... Mais... Non, je ne veux pas la vendre.

— 150 000 dollars... »

Et à 175 000 dollars, il m'a vendu la jument. Un tel prix pour un cheval *foal*, on n'avait jamais vu ça. Même pour les mieux nés... Quand elle est arrivée en France, mon directeur de haras a soupiré : « Qu'est-ce que vous avez été acheter là ? Vous avez vu les jambes ?... »

En six mois, elle s'est arrangée. Elle n'est pas devenue belle. Belle, elle ne l'a jamais été. Mais elle a été la prunelle de mes yeux.

Un des seuls à m'avoir conforté pour Allez France, c'est Alec. Et il sait de quoi il parle. Il a des idées remarquables pour les croisements. Depuis une quinzaine d'années, depuis au moins Sagace, c'est lui qui a tout fait.

Pourquoi ai-je baptisé cette jument Allez France ? D'abord il y avait le film de Robert Dhéry. Ensuite, il faut y voir un clin d'œil à mon grand-père et à l'amour qu'il avait pour son pays. Enfin, comme je pensais que ce serait un crack, je rêvais d'entendre les Anglais crier « Allez France ! » Ils l'ont fait. Ils sont très sportifs, les Anglais. On dira ce qu'on voudra des Anglais, et je ne me gêne pas, mais alors pour ça...

Ce n'était pas une blague

Au total, j'ai gagné l'Arc cinq fois et demie. Pourquoi *et demie* ? En 1984, je l'ai gagné avec Sagace. L'année d'après, je l'ai regagné avec le même Sagace. On nous a rétrogradés à la seconde place. C'est moi qu'on déclassait. J'ai toujours été très populaire avec le public, mais il est vrai que je n'ai jamais été aussi populaire avec les commissaires de courses, et je ne tiens pas à l'être. Moi, la seule chose qui fait que je suis là, c'est l'amour des chevaux. J'aime les chevaux. Et j'aime les courses de chevaux. C'est tout. Je suis un simple propriétaire parmi d'autres propriétaires. Je ne vais pas copiner avec les commissaires, je ne suis d'aucun comité ni de rien, je ne veux pas donner de conseils ni en recevoir, je revendique cette liberté, et si ça ne plaît pas, je m'en fous. Mais, là, avec Sagace, je dois constater que j'ai eu droit à une escroquerie inimaginable. Du rarement vu. Mais nous l'avons bien gagnée, cette course. Ce n'était pas une blague.

À dater de ce jour, je n'ai plus jamais remis les pieds au rond, là où tournent les chevaux, pour y prendre la coupe ou le trophée. C'est fini. Parce que celle-là, on ne me la fait pas deux fois. Ils ne m'y verront plus. Déjà, j'y allais à reculons. Mais, là, c'est fini. Qu'on donne la coupe au garçon d'écurie, et d'ailleurs il la mérite.

On a tout gagné

J'ai eu le plaisir de parrainer des entraîneurs qui sont devenus de grands entraîneurs. J'ai été le premier à me lancer dans toutes les disciplines. Je voulais réussir en obstacles : j'ai eu la joie de remporter les très grandes courses. J'ai voulu réussir en trot : nous avons gagné le Prix d'Amérique avec Jean-Pierre Dubois, qui est largement aussi fou que moi. On a tout gagné. Tout. Et je me demande si on ne va pas m'assassiner parce que ça commence à faire un peu gros. On n'avait jamais vu ça, je le sais bien. Comme disent les Américains quand les pièces tombent de l'appareil : « *I've beaten the game !* » J'ai décroché le jackpot...

Pour réussir, il n'y a pas de débat : il faut avoir les meilleurs. Il faut être prêt à se déculotter pour avoir les meilleurs. Quand je suis allé chercher Yves Saint-Martin, il était sous la coupe de François Mathet, l'entraîneur éleveur, et il montait en exclusivité pour l'Aga Khan. Je lui ai demandé : « Combien il vous donne ?... Très bien... Moi, c'est le double. » Saint-Martin est venu monter pour moi pendant neuf ans, et nous avons réussi *ensemble* formidablement. Je voulais le meilleur, et je l'ai eu. Evidemment, ensuite, Mathet m'a fait une réputation épouvantable. Plus personne ne m'adressait la parole. Tant pis. Qu'est-ce que vous voulez y faire ? Mais je me moquais bien de Mathet. Parce que je vais vous dire, et Saint-Martin vous le dirait mieux que moi : il en a bavé avec Mathet. Quand il était apprenti chez lui, l'autre le « formait » à la cravache...

J'ai perdu Saint-Martin quand il a arrêté. J'ai alors essayé d'autres jockeys. Et, un jour, j'ai vu un jeune homme de dix-sept ans sur un cheval : Olivier Peslier. Il avait une classe ! Je lui ai fait aussitôt un contrat. Et il a été extraordinaire. Il a une telle intelligence du cheval, ce garçon est formidable... Aujourd'hui, c'est le meilleur jockey du monde. Je suis heureux d'avoir été un peu son parrain. Je fais avec Peslier comme je faisais avec Saint-Martin. Chaque année je lui dis : « Il faut que je vous augmente. » Vous savez ce qu'il me répond ? « Vous n'êtes pas obligé de le faire. Vous pouvez même diminuer mon salaire si vous le voulez. Je monte *pour vous*. » C'est Peslier, ça... En 1997, il a gagné l'Arc avec Peintre Célèbre, et avec ce cheval il m'a donné une double joie en remportant le Prix du Jockey Club, à Chantilly, qui est une épreuve que je n'avais jamais gagnée. Voilà des victoires qui comptent énormément pour nous. Parce qu'elles renvoient à l'année 1964

Là-bas, aux ventes du Kentucky, il y avait un type qui s'appelait Strassburger. Ce grand propriétaire avait autrefois des chevaux en France. Il était aussi éleveur.

Il n'avait que ça à faire. Il était marié à une femme très moche, mais qui avait autre chose : elle était l'héritière d'un empire de machines à coudre... Pendant la guerre, à New York, j'avais déjà rencontré ce Strassburger à l'El Morocco. Il était soûl comme une barrique. Il était monté sur une table, et il gueulait : « *For the American Navy, bottoms up !* » Non seulement il buvait cul sec, mais il cherchait la bagarre. Les marins qui étaient dans la boîte se sont tranquillement levés pour aller le tuer. Cette nuit-là, je lui ai sauvé la vie... Et des années après, donc, à cette vente de 1964, il avait une petite jument dont les origines me plaisaient bien. Que je lui ai achetée. Elle s'appelait Bannynash. Cinq générations plus tard et quelques croisements, cette Bannynash a donné vie à Peintre Célèbre... Voilà pourquoi c'était important pour nous. C'est Alec qui l'a baptisé Peintre Célèbre. Je n'étais pas très pour. Je ne suis pas très chaud pour mélanger les chevaux et les peintres. Vous allez me dire que la mère s'appelait Peinture Bleue ? C'est vrai, mais Peinture Bleue, ça peut être n'importe quoi. Peinture Bleue, c'est Ripolin.

On peut avoir la maladie des chevaux comme on peut avoir la maladie de l'art. C'est la même chose. Mais le chef-d'œuvre reste immortel, alors que le cheval, lui, ne pourra survivre que par sa descendance. Comme disait MacArthur : « Un grand général ne meurt pas, *but he fades away...* » Il s'efface... Eh bien c'est ça, les chevaux... *They fade away.*

Le cynodrome de Courbevoie

Comme je ne mets plus les pieds au rond depuis Sagace, j'ai envoyé un petit mot à Jean-Luc Lagardère pour lui dire à quel point sa victoire dans l'Arc, en 1998, m'avait fait plaisir. Il avait mon jockey : Peslier.

Il avait mon entraîneur : Fabre. Après tout, il n'y avait que la casaque qui changeait. Cette année-là, nous n'avions pas de bons chevaux. Je n'ai donc aucun regret. Je suis comme Edith Piaf. Je ne regrette rien de rien. Ou alors peut-être une chose. Une seule : les courses de chiens. Mais oui ! J'adore ça ! C'est magnifique... Les courses de lévriers, il n'y a rien de plus beau. En France, il n'y en a plus depuis la guerre. Il paraît que le cynodrome de Courbevoie existe toujours ; je me demande dans quel état il peut bien être... En tout cas, dans les années 1930, j'y passais mes soirées avec des filles, et c'était génial !... S'ils rétablissent les courses de chiens en France, le jour même, je suis à Courbevoie ! Mais bien sûr !

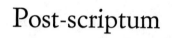

Post-scriptum

Le château de Marienthal

Je voudrais ajouter quelques petites choses qui n'ont probablement aucun intérêt, mais quand même...

J'ai toujours été un solitaire. Dans ma petite enfance, au château de Marienthal, j'aimais déjà la solitude. Je pouvais lire. Je pouvais faire du vélo. J'étais souvent seul, et j'aimais ça... Je n'avais pas besoin de clowns autour de moi pour m'amuser. Je n'étais pas un enfant difficile. J'étais un garçon plutôt timide, ombrageux, qui n'admettait pas qu'on vienne l'embêter. Je refusais tout. Je disais non à tous. Sauf à mes grands-parents. Les seuls au monde à qui je disais oui, c'étaient mon grand-père et ma grand-mère. Ils étaient tellement tout pour moi.

Leur souvenir est lié à Marienthal, à cette drôle de maison. Pendant la Première Guerre, des journaux français avaient écrit : « Ce Wildenstein est un vrai Boche ! La preuve ? Sa maison a un nom de Boche ! » Cela avait dû faire très plaisir à Toto, tiens. Pourquoi ce grand crétin de Mouton, l'empereur de la cuisinière, avait-il baptisé ainsi cette propriété ? Il allait peut-être prendre les eaux en Allemagne... De toute façon, le nom était fixé sur les cartes d'état-major — l'aéroport militaire de Villacoublay est à deux kilomètres — et mon grand-père ne pouvait rien y changer.

Il avait acheté cette maison vers 1908. Ce n'était pas pour le téléphone, dont il avait horreur. Mouton avait néanmoins planté des poteaux téléphoniques de Paris jusqu'à Igny ! Nous avions la ligne directe. Je me souviens encore du numéro que nous avions : Gobelins 00-51... Par ailleurs, ce Mouton avait rêvé d'une maison totalement autonome. Il avait fait creuser un puits et mis en service des pompes. Pour l'électricité, il avait installé des accumulateurs et une machine qui rechargeait les accus. Cette maison était aussi confortable que curieuse. Du rococo 1900. Un salon chinois. Des serres, qui ont disparu avec la guerre. Un jardin à la française, un grand potager, des cèdres magnifiques. Il en reste sûrement quelques-uns. Je dois avouer que je n'ai pas mis les pieds à Marienthal depuis vingt-cinq ans. Je n'y vais plus. Même quand j'allais voter à Verrières, je ne m'y arrêtais pas. La dernière fois, j'y suis allé pour accompagner Pierre Dac, un copain de ma petite sœur. J'adorais *L'Os à moelle*. Mais l'homme n'était pas tellement drôle. Il était triste. Triste et très calme.

Je n'irai plus dans cette maison parce que c'est fini. Et quand une histoire est finie, elle est finie. En fait, c'est terminé depuis la disparition de mes grands-parents. Cette maison, c'était eux. Avec eux. Pas sans eux. C'était aussi ma petite sœur, que j'adorais... Ma sœur Miriam a remplacé pour moi ma grand-mère à sa mort. Elle s'est toujours interposée entre les ennuis de la vie et moi-même. Elle ne m'a fait qu'une seule peine, c'est de mourir... Et je reste donc avec mes souvenirs. Des souvenirs auxquels je tiens par-dessus tout... Le jour de mes treize ans, mes grands-parents m'ont fait faire ma bar-mitsva à Marienthal. Le dîner était là-bas. Mon grand-père m'avait dit : « On va te faire un cadeau. C'est une chose que tu ne pourras pas porter sur ton dos. » Après le dîner, je ne voyais toujours pas venir de cadeau. J'étais un peu déçu. Quand mon grand-père s'est approché de moi, j'ai bondi : « Et le cadeau ? » Alors mon grand-père m'a dit : « C'est la maison avec tout ce qu'il y a dedans. » J'étais bouleversé...

J'aurais voulu être Al Brown

A l'âge de dix ans, je suis devenu extrêmement violent. Sans être bien grand, j'étais tout sauf peureux. Je me bagarrais tout le temps. Je me battais pour un oui pour un non. Pour de mauvaises raisons. C'était affreux. A tel point que ma mère m'a dit : « Pour te calmer, tu devrais essayer la boxe. » Alors j'ai fait de la boxe à partir de onze ans, avec un ancien champion de France, Cuny. Il était déjà tout vieux. C'est lui qui m'a formé. J'étais très mince à l'époque. J'étais poids mouche. J'ai tout de suite aimé la boxe, et j'ai continué. Je boxais chez les amateurs. A l'université, j'ai fait pas mal de combats. Des petits combats en trois rounds. J'avais une bonne technique. Je me rappelle encore ce que m'avait dit Emile Pladner, alias Milou l'Araignée, un champion du monde... Il m'avait dit : « Tu devrais continuer, petit. Tu devrais continuer... » Malheureusement, j'ai pris du poids et comme je changeais de catégorie, j'ai dû arrêter à dix-neuf ans, alors que j'adorais ça. J'ai raté ma vie. J'aurais voulu être Al Brown, qui a été *le* grand champion du monde des poids mouche. L'incroyable « Panama » Al Brown. C'était mon idole absolue. Je l'ai vu boxer à Wagram. Tout le monde était là : Jean Cocteau, Maurice Chevalier... C'était beau à voir. C'était superbe. La technique et la vivacité qu'avait cet Al Brown... Boxeur professionnel. Le rêve de ma vie.

J'ai failli tuer Harry Belafonte

Quand on a fait de la boxe et qu'on ne supporte pas l'alcool, il arrive qu'on devienne mauvais. Et moi, je devenais très mauvais. Dès que j'avais un coup dans l'aile, j'étais une vraie teigne. J'étais insupportable. Le genre pénible pour les autres. Je cherchais la bagarre, j'étais querelleur, je provoquais des malheureux qui n'avaient rien demandé à personne. Je me rappelle encore, au Jimmy's, j'ai failli massacrer un chanteur célèbre. Harry Belafonte. Un bel homme, grand, charmant, gentil, qui avait du talent. Je lui ai sorti quelques « amabilités »... Il s'est énervé. Il y avait de quoi. Il a essayé de m'en mettre une. J'avais la bouteille dans la main. Ce soir-là, si on ne nous avait pas séparés, je crois que je lui ouvrais le crâne.

J'avais quarante-trois ans le jour où j'ai rencontré ma future femme. Elle m'a dit : « Quand je t'ai connu, il y avait une envie de tuer quelqu'un au fond de tes yeux... » J'ai alors arrêté de boire. Le calme est revenu. Et quarante années de bonheur ont suivi...

Le ticket gagnant

Un jeune con deviendra un vieux con. C'est la base. Un enfant solitaire finira en vieux loup solitaire. Et j'ai ça en moi. J'aime les plages de solitude. Lire. Rêver. Faire quelques trucs... Je reçois des chercheurs, des conservateurs, des particuliers qui viennent chercher un avis ou un conseil. Dans la vie, je ne cours derrière personne. Je fuis le monde, surtout quand il n'a rien à me dire. Je fuis les gens qui parlent pour ne rien dire. C'est peut-être aussi un reste de ma timidité. On est moins timide, quand on vieillit, mais timide on le reste à jamais. En vérité, je ne suis là que pour ceux que j'aime. Dès qu'on vient m'emmerder, je m'en vais. Je ne supporte pas qu'on vienne m'embêter, comme quand j'étais petit. Pareil. Au fond, on est toujours un peu la somme de ses années d'enfance...

Un souvenir de gosse restera ancré à jamais dans mon cerveau. Je devais avoir quatre ans et demi et j'accompagnais ma grand-mère à Saint-Cloud. Mon père venait de déclarer nos couleurs. Les Bleus... Je m'y vois encore. Il s'agissait d'une toute petite course. Le cheval de papa s'appelait Monrichard. J'étais en haut de la tribune des dames. Les vieilles tribunes en bois. Je serrais le ticket de Monrichard dans la main Le cheval a gagné la course. J'étais un peu excité. Je suis tombé dans l'escalier... Tout l'escalier de la tribune des dames. Au moins quinze marches sur la tête. Des cris. De l'affolement.

Mais je n'ai pas lâché le ticket.

C'est mon premier souvenir.

Daniel Wildenstein/Yves Stavridès
mai 1998-mai 1999

Table

TABLE

Cet ouvrage a été composé par
Nord Compo - 59650 Villeneuve d'Ascq
et imprimé sur presse Cameron
par Bussière Camedan Imprimeries
à Saint-Amand-Montrond (Cher)
en octobre 1999

N° d'édition : 13091. — N° d'impression : 994341/1.
Dépôt légal : septembre 1999.

Imprimé en France